HORST APPUHN

EINFÜHRUNG IN DIE IKONOGRAPHIE DER MITTELALTERLICHEN KUNST IN DEUTSCHLAND

DIE KUNSTWISSENSCHAFT

Einführungen in Gegenstand, Methoden und Ergebnisse
ihrer Teildisziplinen und Hilfswissenschaften

1980
WISSENSCHAFTLICHE BUCHGESELLSCHAFT
DARMSTADT

HORST APPUHN

EINFÜHRUNG IN DIE IKONOGRAPHIE DER MITTELALTERLICHEN KUNST IN DEUTSCHLAND

1980
WISSENSCHAFTLICHE BUCHGESELLSCHAFT
DARMSTADT

CIP-Kurztitelaufnahme der Deutschen Bibliothek

Appuhn, Horst:
Einführung in die Ikonographie der mittelalterlichen Kunst in Deutschland / Horst Appuhn. — 2., verb. Aufl. — Darmstadt: Wissenschaftliche Buchgesellschaft, 1980.
(Die Kunstwissenschaft)
ISBN 3-534-06465-8

1 2 3 4 5

Bestellnummer 6465-8

2. verbesserte Auflage 1980

Satz: Maschinensatz Gutowski, Weiterstadt
Druck und Einband: Wissenschaftliche Buchgesellschaft, Darmstadt
Printed in Germany
Schrift: Linotype Garamond, 9/11

ISBN 3-534-06465-8

INHALT

I. Einleitung 1
1. Zur Methode 1
Der Begriff Ikonographie – Herkunft des Wortes – Gebrauch durch A. Warburg und E. Panofsky
2. Grundlegende Literatur 3
Systematische Übersichten – Lexika – Heiligenlexika – Heiligenkalender
3. Verzeichnis der biblischen Bücher 5
Vulgata – Deutsch – Abkürzungen – Luther-Bibel

II. Die Darstellung der Heilsgeschichte 9
4. Zyklen vom Leben Christi 10
Brüggemanns Bordesholmer Altar – Die Kleine Passion von Albrecht Dürer – Quellen außerhalb der Bibel
5. Typologien 14
Biblia pauperum – Speculum humanae salvationis
6. Das Sakrament des Altars 20
Darstellungen des Abendmahls – Dieric Bouts Altar – Bordesholmer Altar
7. Reliquien und geistliches Spiel 23
Reliquien und Marienklage in Bordesholm
8. Die Tradition der Bilder 25
Brüggemanns Vorbilder aus der Bildtradition

III. Die Heiligen 27
9. Heiltumsschätze 27
Wittenberger Heiltumsbuch 1509 – Abiässe – Heiltumsschau
10. Reliquien und Heiligenverehrung 29
Düren am Niederrhein 1500 – Die Heilige Sippe
11. Die Legenda aurea 31
von Jacobus de Voragine
12. Die Wirkung des Heiligenbildes 32
Die hll. Barbara und Christophorus als Beschützer vor plötzlichem Tod
13. Heiligenattribute 35
Generelle und individuelle Attribute – Die Apostel – Apostel Thomas

14. Die Heiligen als Patrone 38
Heilige Ritter – Reinold von Dortmund – Roland

IV. Das Bild der Welt 41
15. Deesis und Majestas Domini 41
Evangelistensymbole – Jüngstes Gericht an Gerichtsplätzen
16. Das Chorgestühl 45
Das Chorgestühl in Cappenberg als Beispiel für ein Bild der Welt
17. Weltkarte und Chorteppich 48
Teppiche aus Heiningen und Quedlinburg – Rosenfenster von Lausanne – Die Weltkarte von Ebstorf – Der Osterteppich aus Lüne
18. Das Bild der Tierwelt 56
Der Physiologus – Der Jagdfries in Königslutter – Die Bestiarien – Bernhard von Clairvaux
19. Das Bild des Toten 60
Darstellung im Alter von 33 Jahren – Die Grabplatte Rudolfs von Schwaben
20. Das Bild des lebendigen Menschen 62
Das Bildnis Barbarossas in Cappenberg – Die Büsten im Veitsdom von Prag – Kaiser Karl IV. am Altstädter Brükkenturm in Prag – Stifterbilder
21. Denkmale der Stifter 65
Die Figuren der ersten Stifter im Westchor des Doms von Naumburg – Die Funktion des Lettners in Naumburg anhand seiner Ikonographie

V. Mystische Andacht 69
22. Zur Geschichte einer Heilig-Blut-Reliquie 69
Kloster Wienhausen – Gründungsgeschichte – Heilig-Blut-Reliquie
23. Der Auferstandene und das Heilige Grab 71
Die Figuren in Kloster Wienhausen – ihre Funktion im Karfreitags- und im Oster-Spiel
24. Mystische Andachtsbilder und der Fronleichnamskult 75
Begriff – Entstehung – geschichtlicher Anlaß – Vesperbilder – Christus-Johannes-Gruppen – Schmerzensmann *(imago pietatis)* – Gregorsmesse – Grabbild in Wienhausen – Grabtuch in Turin – Dornenkrone
25. Die Bilder im Kirchenraum 82
Zusammenhang der Figuren in Kloster Wienhausen

26. Die böhmischen Gnadenbilder und das Problem der Schönen Madonnen 83
Ableitung der gemalten Gnadenbilder – Kaiser Karl IV. – Karls Hof in Prag als Kunstzentrum – Die Schönen Madonnen – Die Parler als Bildhauer

27. Private Andachtsbilder 87
Begriff – Fund in Kloster Wienhausen – Vielfalt der Techniken und Materialien – Wiederholung der Gnadenbilder – *Maria lactans* des Conrad von Soest – Entstehung schon im 13. Jh. – Massenproduktion – neue Herstellungsverfahren

28. Der Totentanz 93
Entstehung in den Pestzeiten seit 1348 in Frankreich und Deutschland – Wandbilder in Basel – Holzschnitte von Hans Holbein d. J.

VI. Ein Gleichnis des Himmels 97

29. Die Kathedrale 97
Der Chor des Doms in Köln – Bemalung – Fenster – Figuren – Chorschranken-Malerei – Kaiser und Papst als Kanoniker – Büsten von Konstantin und Silvester – Otto IV. am Dreikönigenschrein – Rolle in der Politik

30. Die Deutung der Kirche 102
Abt Suger und seine Kirche St. Denis – Bericht von der Weihe 1144 – Lichtmetaphysik des Dionysius Areopagita

31. Die goldenen Schreine 104
Dreikönigenschrein in Köln und Karlsschrein in Aachen – ihr Standort – ihre Form, Größe und Ikonographie

32. Der Abglanz der großen Wallfahrten 107
Nachahmungen des Heiligen Grabes in Jerusalem – Wallfahrt nach Rom – Wallfahrt nach Santiago de Compostela – Siebenjahresturnus der Aachenfahrt seit 1349 – Pilgerzeichen – „Josefs Hosen“ – Pilgerflaschen

33. Die Pfalzkapelle 116
Maß und Zahl der Pfalzkapelle in Aachen und deren Deutung – Der *Ordo* – Aachen, die Mitte des Reiches – Nachahmungen – Die Westwerke und deren Bedeutung – Der König als *Vicarius Dei*

34. Die Klosterkirche 120
St. Michael in Hildesheim als Abbild des Himmels – Grablege Bischof Bernwards

35. Die „wahren“ Bilder des Herrn 123
Imervard-Kreuz – *Volto Santo* – Heiliges Antlitz in Rom – Pilgerzeichen in Rom und Wienhausen – *Veraicon*

36. Die frühen Bilder der Muttergottes 126
Marienbilder in Byzanz: *Hodegetria* – *Nikopoia* – *Blachernitissa* – „Thron der ewigen Weisheit" – Die abendländische Vollskulptur – Goldene Madonna von Essen

Fotonachweis 131

Tafeln

I. EINLEITUNG

Über die Ikonographie der christlichen Kunst des Mittelalters gibt es umfangreiche Handbücher und zahllose Einzeluntersuchungen – undenkbar, das in ihnen ausgebreitete Wissen in eine schmale Einführung pressen zu wollen; Vollständigkeit kann deswegen ihr Ziel nicht sein. Indem sie von einigen Kunstwerken ausgeht, versucht sie an wenigen Beispielen zu zeigen, was die Ikonographie zu deren Verständnis beitragen kann. Vorzugsweise wählte ich solche Werke aus, die ich im Lauf der Jahre genauer kennenlernte, um aus der praktischen Erfahrung zu beschreiben, wie sich die ikonographische Untersuchung ihnen nähert. Daß die Reihenfolge der Kapitel vom Spätmittelalter rückwärts schreitet, empfahl sich für die Einführung, zumal es der Methode des Ausgräbers entspricht, die jüngsten Schichten zuerst abzuheben.

1. Zur Methode

Das Wort Ikonographie, von griech. *eikon* = *Bild* und *graphein* = *schreiben* abgeleitet, heißt soviel wie *Bildbeschreibung*. So wird es in der klassischen Altertumswissenschaft für Porträts (auch auf Münzen, Siegeln oder Gemmen) gebraucht. In der Kunstgeschichte ist die Ikonographie die Methode, die „sich mit dem Sujet (Bildgegenstand) oder der Bedeutung von Kunstwerken im Gegensatz zu ihrer Form beschäftigt" (Panofsky). Für die Aussage über ein Kunstwerk leistet sie demnach Wesentliches: 1) bei seiner Benennung (z. B. *Kreuz Christi*), 2) bei seiner Deutung (z. B. *Triumphkreuz*), 3) bei seiner Geschichte.

Ort und Gebrauch des Bildes sagen weiteres aus als der Text, der diesem zugrunde liegt. Dies erlaubt es, von einer eigenen Sprache des Bildes zu reden. – Wenn seine Deutung noch weiter ausgreift und durch den Zusammenhang mit anderen Werken an einem Ort, mit literarischem und kulturhistorischem Wissen seine tiefere, häufig symbolische Bedeutung aufzeigt, spricht man heute von *Ikonologie*. Das Wort, zusammengesetzt aus griech. *eikon* = *Bild* und *logos* = *Kunde*, wurde in Renaissance und Barock für Sammlungen ikonographischer Muster aller Art gebraucht, z. B. von C. Ripa: *Iconologia* (Rom 1593). Aby Warburg wählte es 1912 für die von ihm begründete Methode, die über die Ikonographie hinausführt, und wünschte damit, noch ehe die formale Betrachtungsweise mit den „Kunstgeschichtlichen Grundbegriffen“ von Heinrich Wölfflin 1915 ihren Höhepunkt erreichte, das Kunstwerk in den Zusammenhang der Kultur seiner Zeit wieder einzuordnen: „Ich hoffe, durch die Methode meines Erklärungsversuches der Fresken im Palazzo Schifanoja zu Ferrara gezeigt zu haben, daß eine ikonologische Analyse, die sich . . . weder davon abschrecken läßt, Antike, Mittelalter und Neuzeit als zusammenhängende Epoche anzusehen, noch davon, die Werke freiester und angewandtester Kunst als gleichberechtigte Dokumente des Ausdrucks zu befragen, daß diese Methode, indem sie sorgfältig sich um die Aufhellung einer einzelnen Dunkelheit bemüht, die großen allgemeinen Entwicklungsvorgänge in ihrem Zusammenhang beleuchtet.“

Erwin Panofsky stellte in der Einleitung seiner *Studies in Iconology* die Methode in Stufen dar: Nach der präikonographischen, welche die rein formalen Gesichtspunkte nach ihrer faktischen Bedeutung umfaßt und lediglich den emotionalen Gehalt, d. h. die expressive Bedeutung hinzufügt, folgt als zweite Stufe die ikonographische Analyse und danach als letzte die ikonologische Synthese. – In einer Einführung lassen sich diese Stufen nicht voneinander trennen, weshalb sie hier unter dem älteren Begriff der Ikonographie zusammengefaßt werden.

Warburg, Aby: Italienische Kunst und internationale Astrologie im Palazzo Schifanoja zu Ferrara. In: Gesammelte Schriften. Die Erneuerung der heidnischen Antike. Kulturwissenschaftliche Beiträge zur Geschichte der europäischen Renaissance. Hrsg. von der Bibliothek Warburg unter Mitarbeit von Fritz Rougemont von Gertrud Bing. Bd. 2. Leipzig–Berlin 1932, S. 478–479.

Panofsky, Erwin: Studies in Iconology. Humanistic Themes in the Art of the Renaissance. Oxford 1939 (Nachdruck New York 1962). Übersetzung in *Panofsky, Erwin: Sinn und Deutung in der bildenden Kunst. Köln 1975, S. 36 f.

*Bandmann, Günter: Ikonologie der Architektur. Darmstadt: WB 1969 (Libelli CCIC), S. 1–8.

Bandmann, Günter: Bemerkungen zu einer Ikonologie des Materials. In: Städel-Jahrbuch N. F. 2 (1969), S. 75–100.

Kultermann, Udo: Geschichte der Kunstgeschichte. Der Weg einer Wissenschaft. Wien–Düsseldorf 1966, S. 374 f.

*Kaemmerling, Ekkehard (Hrsg.): Ikonographie und Ikonologie, Theorien – Entwicklung – Probleme (Bildende Kunst als Zeichensystem I). Köln 1979.

Die Ikonographie sucht also mit Worten zu beschreiben, was Bauten, Bilder und Zeichen bedeuten. Das heißt, diese kunstgeschichtliche Methode unternimmt es, in eine rational faßbare begriffliche Formulierung umzusetzen, was einst in Bild oder Zeichen verharrte. Darum sei am Anfang dieser Einführung betont, daß unser System der Namen und Begriffe bestenfalls Annäherungswerte für ein Verständnis schaffen kann. Der Inhalt bleibt dem logischen Erforschen letztlich unzugänglich.

Die Ikonographie ist zwar eine Methode des größeren Fachs Kunstgeschichte, aber sie steht anderen Gebieten so nahe, daß sie auch diesen unentbehrlich ist, sobald sie ein Kunstwerk betrachten, etwa der Geschichte mit allen ihren Zweigen, der Literatur, Theologie, Liturgie usw. Ich sehe in der Ikonographie vor allem eine historische Methode, die sich nicht darin erschöpfen darf, die Fakten systematisch, lexikalisch oder statistisch aufzuzählen, sondern eine, die auf ihre Weise selbständig zur Erkenntnis der Kunstwerke und ihrer Geschichte beiträgt, indem sie den Zusammenhang zu rekonstruieren versucht, für den die Werke bestimmt waren und dadurch deren Bedeutung erklärt.

2. Grundlegende Literatur

Weil die Literatur zur Ikonographie in modernen Handbüchern leicht zugänglich ist, wird sie nur zitiert, wenn sie nach Abschluß der Handbücher erschienen ist; dazu jeweils die Spezialliteratur zu den ausgewählten Kunstwerken. Obgleich es ungewöhnlich sein mag, habe ich mir erlaubt, einige für die private Handbibliothek nützliche und (falls noch erhältlich) preiswerte Werke vor dem Zitat mit einem Stern zu kennzeichnen.

Systematische Übersichten

Sauer, Joseph: Symbolik des Kirchengebäudes und seiner Ausstattung in der Auffasung des Mittelalters mit Berücksichtigung von Honorius Augustodunensis, Sicardus und Durandus. Freiburg 1924. Nachdruck Münster 1964.

Künstle, Karl: Ikonographie der christlichen Kunst. Bd. I. Prinzipienlehre, Hilfsmotive, Offenbarungstatsachen. Freiburg 1928.

Réau, Louis: Iconographie de l'art chrétien. Bd. 1. Introduction générale. Bd. 2. Ancien Testament. Bd. 3. Nouveau Testament. Bd. 4–6. Iconographie des Saints. Paris 1955–59.

Schiller, Gertrud: Ikonographie der christlichen Kunst. Bd. 1. Inkarnation – Kindheit – Taufe – Versuchung – Verklärung – Wirken und Wunder Christi. Gütersloh 1966. 585 Abb.; Bd. 2. Die Passion Jesu Christi.

1968. 816 Abb.; Bd. 3. Die Auferstehung und Erhöhung Christi. 1971. 712 Abb.; Bd. 4, 1. Die Kirche. 1976.

GRABAR, André: Christian Iconography. A Study of Its Origins. Princeton/USA 1968 (The A. W. Mellon Lectures in the Fine Arts, 1961 – The National Gallery of Art, Washington, D. C. Bollingen Series XXXV. 10). 341 Abb.

Lexika

Lexikon der christlichen Ikonographie (abgekürzt = LCI). Hrsg. von Engelbert KIRSCHBAUM S. J. in Zusammenarbeit mit Günter Bandmann, Wolfgang Braunfels, Johannes Kollwitz, Wilhelm Mrazek, Alfred A. Schmid, Hugo Schnell. Bd. 1–4. Allgemeine Ikonographie. Freiburg etc.: Herder 1968–1972. Bd. 5–8. Ikonographie der Heiligen. 1973–76.

Reallexikon für Antike und Christentum (abgekürzt = RAC). Hrsg. von Theodor KLAUSER. Bd. 1–9. Stuttgart 1959–1976 (bis Stichwort: Generatianismus).

Reallexikon zur byzantinischen Kunst (abgekürzt = RBK). Hrsg. von Klaus WESSEL. Bd. 1–2. Stuttgart 1963–1971 (bis Stichwort: Himmelfahrt).

Reallexikon zur deutschen Kunstgeschichte (abgekürzt = RDK). Hrsg. von Otto SCHMITT, Ernst GALL, Ludwig Heinrich HEYDENREICH, Hans Martin Frhr. von ERFFA und Karl-August WIRTH. Bd. 1–6. Stuttgart 1937–1973.

Lexikon für Theologie und Kirche (abgekürzt = LThK). Begründet von Michael BUCHBERGER. 2. Aufl. Hrsg. von Josef Höfer und Karl Rahner. 10 Bde. Freiburg: Herder 1957–1965 (kath.).

Die Religion in Geschichte und Gegenwart (abgekürzt = RGG). Handwörterbuch für Theologie und Religionswissenschaft. 3. Aufl. 6 Bde. und Register. Tübingen 1957–1965 (ev.).

Heiligen-Lexika

BRAUN, Joseph: Tracht und Attribute der Heiligen in der deutschen Kunst. Stuttgart 1943. 428 Abb. Nachdruck 1964.

TORSY, Jakob: Lexikon der deutschen Heiligen, Seligen, Ehrwürdigen und Gottseligen. Unter Mitarbeit von Rudolf Lill und Placidus Mittler. Köln 1959.

Bibliotheca Sanctorum. Istituto Giovanni XXIII. nella Pontificia Università Lateranense. Bd. 1–12 und Indici. Rom 1961–1970.

* KELLER, Hiltgart L.: Reclams Lexikon der Heiligen und der biblischen Gestalten. Legende und Darstellung in der bildenden Kunst (Reclams Universal-Bibliothek. 10154–60). Stuttgart 1968.

Ferner die oben bereits genannten Werke: Réau Bd. 4–6, LCI Bd. 5–8 und LThK.

Heiligenkalender

* GROTEFEND, H.: Taschenbuch der Zeitrechnung des deutschen Mittelalters und der Neuzeit. 10. erw. Aufl. Hrsg. von Th. Ulrich. Hannover 1960.

3. Verzeichnis der biblischen Bücher

Biblia Vulgata	Deutsch	Abkz.	Luther-Bibel
	Altes Testament		
Liber Genesis	Entstehung der Welt	Gn	1. Buch Mose
Liber Exodus	Auszug aus Ägypten	Ex	2. Buch Mose
Liber Leviticus	Levitische Gesetze	Lv	3. Buch Mose
Liber Numeri	Volkszählung	Nm	4. Buch Mose
Liber Deuteronomium	Gesetzeswiederholung	Dt	5. Buch Mose
Liber Josue	Josua	Jos	Buch Josua
Liber Judicum	Richter	Ri	Buch der Richter
Liber Ruth	Ruth	Rt	Buch Ruth
Liber primus Regum	1 Samuel	1 Sam	1. Buch Samuel
Liber secundus Regum	2 Samuel	2 Sam	2. Buch Samuel
Liber tertius Regum	3 Könige	3 Kg	1. Buch der Könige
Liber quartus Regum	4 Könige	4 Kg	2. Buch der Könige
Liber primus Paralipomenon	1. Chronik	1 Chr	1. Buch der Chronik
Liber secundus Paralipomenon	2. Chronik	2 Chr	2. Buch der Chronik
Liber primus Esdrae	Esdras (Esra)	Esr	Buch Esra
Liber secundus Esdrae	Nehemias	Neh	Buch Nehemia
Liber Tobiae	Tobias	Tob	Buch Tobias (unter Apokryphen)
Liber Judith	Judith	Jdt	Buch Judith (unter Apokryphen)
Liber Esther (Hester)	Esther	Est	Buch Esther
Liber primus Machabaeorum	1. Makkabäer	1 Makk	1. Buch der Makkabäer (unter Apokryphen)

Biblia Vulgata	Deutsch	Abkz.	Luther-Bibel
Liber secundus Machabaeorum	2. Makkabäer	2 Makk	2. Buch der Makkabäer (unter Apokryphen)
Liber Job	Job	Job	Buch Hiob
Liber Psalmorum (psalterium)	Psalmen	Ps	Der Psalter
Liber Proverbiorum	Sprüche	Spr	Sprüche Salomos
Ecclesiastes	Prediger	Prd	Prediger Salomo
Cantica Canticorum Salomonis	Hoheslied	HL	Das Hohelied Salomos
Liber Sapientiae	Weisheit	Weish	Die Weisheit Salomos (unter Apokryphen)
Ecclesiasticus Jesu filii Sirach	Jesus Sirach	Sir	Das Buch Jesus Sirach (unter Apokryphen)
Prophetia Isaiae	Isajas	Is	Prophet Jesaja
Prophetia Jeremiae (Hieremiae)	Jeremias	Jer	Prophet Jeremia
Threni, id est lamentationes Jeremiae prophetae	Klagelieder	Klgl	Klagelieder Jeremias
Prophetia Baruch	Baruch	Bar	Buch Baruch (unter Apokryphen)
Prophetia Ezechielis	Ezechiel	Ez	Prophet Hesekiel
Prophetia Danielis	Daniel	Dan	Prophet Daniel
Prophetia Osee	Hosea (Osee)	Os	Prophet Hosea
Prophetia Joel (Johel)	Joel	Joel	Prophet Joel
Prophetia Amos	Amos	Am	Prophet Amos
Prophetia Abdiae	Abdias (Obadja)	Abd	Prophet Obadja
Prophetia Jonae	Jonas	Jon	Prophet Jona
Prophetia Micheae	Michäas (Micha)	Mich	Prophet Micha
Prophetia Nahum	Nahum	Nah	Prophet Nahum

Prophetia Habacuc	Habakuk	Hab	Prophet Habakuk
Prophetia Sophoniae	Sophonias (Zefanja)	Soph	Prophet Zephanja
Prophetia Aggaei	Aggäus (Haggai)	Agg	Prophet Haggai
Prophetia Zachariae	Zacharias (Sacharja)	Zach	Prophet Sacharja
Prophetia Malachiae	Malachias (Maleachi)	Mal	Prophet Maleachi

Neues Testament

Evangelium secundum Mathaeum	Mt	Evangelium des Matthäus
Evangelium secundum Marcum	Mk	Evangelium des Markus
Evangelium secundum Lucam	Lk	Evangelium des Lukas
Evangelium secundum Joanneum	Jo	Evangelium des Johannes
Actus Apostolorum	Apg	Apostelgeschichte des Lukas
Epistola b. Pauli ad Romanos	Röm	Brief des Paulus an die Römer
Epistola b. Pauli ad Corinthios prima	1 Kor	1. Brief des Paulus an die Korinther
Epistola b. Pauli ad Corinthios secunda	2 Kor	2. Brief des Paulus an die Korinther
Epistola b. Pauli ad Galatas	Gal	Brief des Paulus an die Galater
Epistola b. Pauli ad Ephesios	Eph	Brief des Paulus an die Epheser
Epistola b. Pauli ad Philippenses	Phil	Brief des Paulus an die Philipper
Epistola b. Pauli ad Colossenses	Kol	Brief des Paulus an die Kolosser
Epistola b. Pauli ad Thessalonicenses prima	1 Thess	1. Brief des Paulus an die Thessalonicher
Epistola b. Pauli ad Thessalonicenses secunda	2 Thess	2. Brief des Paulus an die Thessalonicher
Epistola b. Pauli ad Timotheum prima	1 Tim	1. Brief des Paulus an Timotheus
Epistola b. Pauli ad Timotheum secunda	2 Tim	2. Brief des Paulus an Timotheus
Epistola b. Pauli ad Titum	Tit	Brief des Paulus an Titus
Epistola b. Pauli ad Philemonem	Phm	Brief des Paulus an Philemon

Biblia Vulgata	Abkz.	Luther-Bibel
Epistola b. Pauli ad Hebraeos	Hebr	Brief an die Hebräer
Epistola catholica b. Jacobi	Jak	Brief des Jakobus
Epistola b. Petri prima	1 Petr	1. Brief des Petrus
Epistola b. Petri secunda	2 Petr	2. Brief des Petrus
Epistola b. Joannis prima	1 Jo	1. Brief des Johannes
Epistola b. Joannis secunda	2 Jo	2. Brief des Johannes
Epistola b. Joannis tertia	3 Jo	3. Brief des Johannes
Epistola catholica b. Judae	Jud	Brief des Judas
Apocalypsis b. Joannis apostoli	Apk (Offb)	Offenbarung des Johannes (Geheime Offenbarung)
	Apokryphen	
		Stücke zu Esther
		Geschichte von Susanna und Daniel
		Vom Bel zu Babel
		Vom Drachen zu Babel
		Das Gebet Asarjas
		Der Gesang der drei Männer im Feuerofen
Oratio Manassae	Man	Das Gebet Manasses
Liber tertius Esdrae	3 Esdras	
Liber quartus Esdrae (früher beide nach Liber II Esdrae angeordnet)	4 Esdras	

II. DIE DARSTELLUNG DER HEILSGESCHICHTE

Vom mosaischen Glauben hatte das Christentum das absolute Bilderverbot übernommen, weil sich die Verehrung des Unsichtbaren Gottes gerade dadurch von allen heidnischen Kulten unterschied, daß keine Bilder oder Figuren angebetet wurden. Doch kein Kult kommt ohne ein Zeichen aus. Seit dem Kaiser Konstantin das Kreuzeszeichen erschien und er in diesem Zeichen siegte (312), wandelte sich das Schandmal zum Zeichen des Triumphes. Dadurch wurde es möglich, seit dem 5. Jh. ein Bild des gekreuzigten Herrn zu dulden (ältestes Beispiel ist das Relief an der Holztür von S. Sabina in Rom, um 430). – Im sog. Bilderstreit zur Zeit Karls des Großen ging es um andere Bilder Christi, der Muttergottes und der Heiligen, nämlich um solche, die das Volk zu verehren begann wie einst die Götterbilder. Gegen sie richtete sich die theologische Kritik und wollte Bilder nur gelten lassen zur Lehre der Armen, die nicht lesen können (so der Liturgiker Durandus † 1296), bzw. sofern sichergestellt war, daß die Bilder nicht angebetet wurden (Papst Gregor d. Gr. † 604). Wer allein von diesen Schriften ausgeht, könnte zu der Ansicht gelangen, daß es eine nennenswerte christliche Bildkunst demnach nie gegeben habe!

Der Lehrsatz des Durandus, die Bilder als die Schrift für die des Lesens Unkundigen zu dulden, läßt an Zyklen der biblischen Geschichte denken. Illustrationen der Bibel gab es schon in altchristlicher Zeit nicht nur in kostbaren Büchern (z. B. in der *Wiener Genesis* aus dem 5. oder 6. Jh.), sondern auch in Gemälden und Mosaiken auf den Wänden der Kirchen aus derselben Zeit, wie sie in Rom und Ravenna heute noch zu sehen sind. Dort zeigt sich das Übergewicht der monumentalen Repräsentationsbilder in der Apsis über die Bildreihen der erzählenden Zyklen im Schiff. Gegen Ende des Mittelalters, als gemalte und geschnitzte Altaraufsätze mit vielen Bildern Mode wurden, kehrte sich das Verhältnis um. Repräsentationsbilder und historische Zyklen vereinigten sich in den monumentalen Altaraufsätzen, die als sog. Wandelaltäre dafür eingerichtet waren, im Lauf des Kirchenjahres die Hierarchien zu präsentieren: Am Alltag im geschlossenen Zustand meist Gemälde aus der Vita des örtlichen Patrons (z. B. in St. Wolfgang in Michael Pachers Altar, 1471–81, die Geschichte dieses Heiligen), an Sonntagen nach Öffnen der Außenflügel einen zweiten Gemäldezyklus (in St. Wolfgang das Leben des Herrn), und erst an den hohen Kirchenfesten durch Öffnen auch des inneren Flügelpaares der Schrein, in dem die geschnitzten Repräsentationsfiguren stehen (in St. Wolfgang die Marienkrönung).

4. Zyklen vom Leben Christi

Der Bildschnitzer Hans Brüggemann vollendete im Jahre 1521 eine 12,60 m hohe Bilderwand (Taf. 1) für den Hauptaltar der Kirche des Augustiner-Chorherrenstifts Bordesholm (in Holstein zwischen Neumünster und Kiel). Seit 1666 steht dieses Werk im Schleswiger Dom und ist ständig geöffnet, weil nur die Festtagsseite geschnitzte Felder enthält; die darin befindlichen 400 Figuren sind ungefaßt, und die Außenseiten der Flügel sowie ein zweites Flügelpaar erhielten keine Gemälde. Umriß und Aufteilung erinnern an Antwerpener Altäre der Zeit. Für die Komposition der Figurengruppen benützte Brüggemann eine damals hochmoderne, überaus volkstümliche Vorlage der Graphik, nämlich die sog. Kleine Holzschnitt-Passion von Albrecht Dürer, die 1511 zum ersten Mal erschien. – Wir wissen, daß im Mittelalter das Wiederholen vorgegebener Typen üblich war. In Werkverträgen wurde ein Vorbild oft ausdrücklich benannt (vgl. Huth). Für die Ikonographie folgt daraus, zu prüfen, wieweit ein Meister dem entsprach und umgekehrt, was er änderte.

Die Kunstdenkmäler des Landes Schleswig-Holstein: Stadt Schleswig. Bd. II. Dietrich Ellger: Der Dom und der ehemalige Dombezirk. München 1966, S. 316–338: Der Bordesholmer Altar.

* Huth, Hans: Künstler und Werkstatt der Spätgotik. 2. erw. Aufl. Darmstadt: WB 1967. Nachdruck 1977.

Die Grundlage für den Zyklus der Passion Christi bildet der Bericht der drei ersten Evangelien, der sog. Synoptiker, wie er durch jede Bibel-Synopse überschaubar gemacht wird (vgl. das Verzeichnis der biblischen Bücher, oben S. 5 ff.). Einen kanonischen Bilderzyklus gibt es jedoch nicht. *Dürers Kleine Passion* umfaßt 31 Szenen der Passion und der Erscheinungen Christi nach der Auferstehung, wenn man das Titelblatt, die aus fünf Bildern bestehende Einleitung und das Jüngste Gericht am Schluß abzieht:

1 Schmerzensmann mit dem Titel *Passionis domini iesu cristi cum figuris*
2 Sündenfall
3 Vertreibung aus dem Paradies
4 Verkündigung an Maria
5 Anbetung der Hirten

6 Einzug in Jerusalem
7 Austreibung der Wechsler aus dem Tempel
8 Abschied von der Mutter
9 Abendmahl
10 Fußwaschung
11 Gebet am Ölberg
12 Gefangennahme
13 Christus vor Hannas
14 Christus vor Kaiphas
15 Verspottung
16 Christus vor Pilatus
17 Christus vor Herodes
18 Geißelung
19 Dornenkrönung
20 Ecce Homo
21 Urteil des Pilatus
22 Kreuztragung
23 Schweißtuch der Veronika
24 Annagelung an das Kreuz
25 Kreuzigung
26 Christus in der Vorhölle
27 Kreuzabnahme
28 Beweinung
29 Grablegung
30 Auferstehung
31 Christus erscheint Maria
32 Christus als Gärtner erscheint Magdalena
33 Christus in Emmaus
34 Der ungläubige Thomas
35 Himmelfahrt
36 Pfingsten

37 Jüngstes Gericht

Brüggemann standen auf der Festtagsseite seines Altars in Schrein und Flügeln 16 Felder zur Verfügung. Also mußte er 15 Szenen, die Dürer aufführt, ausscheiden (u. a. den Einzug in Jerusalem, die Austreibung der Wechsler, das Gebet am Ölberg, die Verspottung, die Annagelung, Christus erscheint Maria, Christus erscheint Magdalena, Christus in Emmaus) oder mit anderen kombinieren (das Abendmahl mit der Fußwaschung Petri [Abb. 1], oder Veronika mit der Kreuztragung [Taf. 4 b]). Die einzelnen Szenen sind so angeordnet, daß die Kreuzigung nach alter Tradition in dem großen Feld die Mitte einnimmt. Links davon steht die Passion, rechts die Kreuzabnahme sowie die Szenen bis zur Erscheinung des Auferstandenen unter den Jüngern. Das Thema der Himmelfahrt legte es nahe, in die Spitze des linken Flügels über die Reihen der übrigen Felder gesetzt zu werden. Dem entspricht rechts oben die Ausgießung des Heiligen Geistes. An der höchstmöglichen Stelle, über der Spitze des Schreins, wo er auch bei zugeklappten Flügeln sichtbar blieb, erscheint der Weltenrichter, zu seinen Füßen Maria und Johannes der Täufer, die im Jüngsten Gericht für die Menschheit bitten. – Weiter: Brüggemann folgte einem von den Niederlanden bis Norddeutschland üblichen Schema, als er das Mittelfeld des Schreins unter der Kreuzigung mit einer vielfigurigen

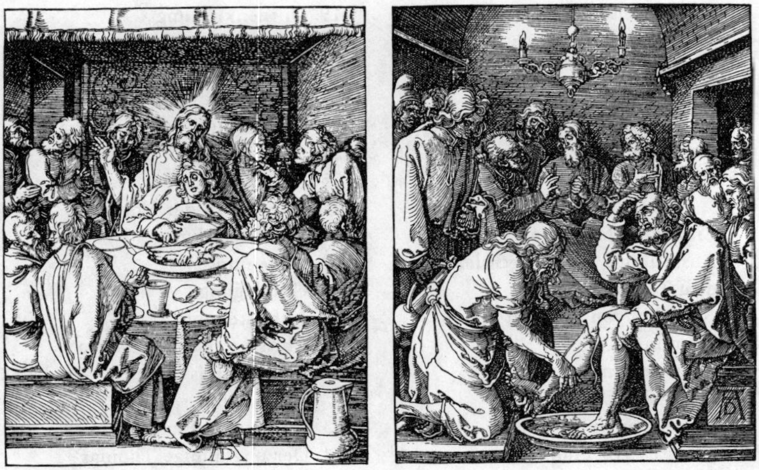

Abb. 1. Albrecht Dürer: Abendmahl und Fußwaschung Petri.
Aus der Kleinen Passion (1511).

Kreuztragung füllte (Taf. 4). Schließlich: Außer der Passion und dem (auch bei Dürer zugehörigen) Jüngsten Gericht finden sich im Sprengwerk über dem Schrein die großen Statuen von Adam und Eva, in der Predella neben dem Abendmahl drei weitere Mahl-Szenen, in der Spitze des Schreins die Muttergottes und zu beiden Seiten des Altars auf hohen Säulen die Figuren des Kaisers Augustus und der tiburtinischen Sibylle. Diese Themen führen über Dürers Kleine Passion hinaus. Aus welchen Quellen sind sie zu erklären?

Wer nur den Text des Neuen Testaments als Quelle betrachtet, wird bald enttäuscht. Mehrere Themen von Dürers Kleiner Passion würde er darin vergeblich suchen, wie z. B. die *Veronika,* die *Vorhölle* und vor allem die *Auferstehung.* Gerade dieses letzte, entscheidende Ereignis melden die Evangelien nur als vollzogen, indem sie den Engel am Grabe zu den Frauen sagen lassen: „Er ist auferstanden". Und so hat diese Szene lange Zeit die Stelle eines Auferstehungsbildes vertreten. Daß es seit dem 12. Jh. trotzdem möglich wurde, Christus darzustellen, wie er sich aus dem Grab erhebt, hängt mit dem Wandel der Frömmigkeit zusammen, die nun danach verlangte, das Geglaubte anschaulich zu sehen. Apokryphe Bücher, wie die Pilatus-Akten, enthalten die in den Evangelien fehlenden Beschreibungen der Passion. – Die Veronika-Legende verdankt ihre Entstehung dem frommen Glauben des Volkes an das wahre Bild des Herrn *(vera ikon),* das dieser auf wunderbare Weise in ein Tuch abgedrückt haben soll, das Veronika ihm reichte. Und dieses Tuch habe seine Kraft bewiesen, indem es in Rom den Kaiser Tiberius heilte. Diese Legende verzeichnet Jacobus de Voragine in seiner bekannten *Legenda aurea* (vgl. III, 11) an einer Stelle, die von der Passion des Herrn handelt, so wie es die apokryphen Pilatus-Akten beschreiben. Das ist der Grund dafür, daß Veronika mit dem Schweißtuch in den volkreichen Kalvarienbergen des späten Mittelalters dem kreuztragenden Christus zugeordnet wird.

Die Erscheinung der Himmelskönigin vor Augustus und der Sibylle geht wohl auf dieselbe Quelle zurück. Sie schildert eine römische Legende, denn in der Kirche *S. Maria in Ara Coeli* in Rom wird der Ort verehrt, an dem dieses Wunder geschah.

Die Statuen von Adam und Eva im Gespreng entsprechen Dürers einmaligem Kupferstich von 1504 desselben Themas. Darin steht das Erste Menschenpaar vor der Waldkulisse des Paradieses. Ein Bezug auf das Jüngste Gericht fehlt dort, obgleich der Gedanke, das Strafgericht über Adam und Eva nach dem Sündenfall mit dem Weltgericht zu vergleichen, in der theologischen Literatur durchaus vertreten wird und dementsprechend auch in der Kunst vorkommt. Erstaunlich, wie Brüggemann die beiden stehenden Aktfiguren unter offenen Arkaden herausstellt, so daß sie für den Betrachter größer wirken als der Weltenrichter über ihnen, dem sie sich doch unterordnen. Es hat den Anschein, als habe Brüggemann ihre antikische Nacktheit betonen wollen und sei darin dem Vorbild Dürers gefolgt. Damit sieht man jedoch nur ihre Form. In ihrem Zusammenhang erinnern sie vielmehr an ein berühmtes Werk, das auch Dürer bewundert hat, an den Genter Altar der Brüder van Eyck. Darin steht das Erste Menschenpaar gleich groß zu Seiten des thronenden Herrn, Marias, Johannes des Täufers und der Engel.

Der Schrein des Altaraufsatzes (wie man ihn korrekt bezeichnen müßte) erhebt sich über einem Sockelgeschoß, der *Predella* oder *Staffel.* Vor bzw. unter ihr befindet sich der eigentliche Altar bzw. Tisch = *Mensa,* worauf das Meßopfer gefeiert wurde. In der Mitte der Predella wölbt sich ein vergoldetes Gitter vor. Dahinter konnte man die Monstranz mit dem Allerheiligsten ausstellen, also die geweihte Hostie, den Leib des Herrn. Links neben dem Gitter stellt das Heilige Abendmahl (mit der Fußwaschung Petri im Vordergrund) die Einsetzung der Eucharistie dar. Drei weitere Mahlzeiten begleiten das Heilige Abendmahl: Ein Abendmahl der ersten Christen (Taf. 3), das Passahmahl der Juden vor dem Auszug aus Ägypten und der Empfang Abrahams durch den Priesterkönig Melchisedek (Taf. 2). Wie kommt es zu ihrer Auswahl?

5. Typologien

Nach einem Ausspruch des hl. Augustin liegt das Neue Testament im Alten verborgen, während das Alte sich erst im Neuen erschließt. Aus der Beziehung auf das Alte Testament erfahren die Geschehnisse des Neuen ihren Sinn, wie sich die Prophetie erfüllt und umgekehrt, wie der Vollzug des Geschehens die Voraussage bestätigt. So heißt es schon im Lukasevangelium (24, 44): „Denn es muß alles erfüllet werden, was von mir geschrieben ist im Gesetz des Mose, in den Propheten und in den Psalmen." Im Bilde wird das etwa in den Aposteln deutlich, die auf den Schultern der Propheten stehen (z. B.: Fürstenportal des Doms zu Bamberg). Das ist die Grundlage der seit altchristlicher Zeit so gern gebrauchten Typologie. *Typus* oder *Präfiguration* bezeichnen im kunstgeschichtlichen Sprachgebrauch eine Person, Sache oder Begebenheit des Alten Testaments, durch die Christus und sein Leben vorgebildet sind. Zwei solcher Vorbilder wurden schon Jesus in den Mund gelegt. Nach Johannes 3, 14 sagte er: „Und wie Mose in der Wüste eine Schlange erhöht hat, also muß des Menschen Sohn erhöht werden", womit die *Eherne Schlange* (Nm 21, 9) und die *Kreuzigung* als Typus und Antitypus in Beziehung gebracht sind. In vergleichbarer Weise heißt es bei Matthäus 12, 40: „Denn gleichwie Jona war drei Tage und drei Nächte in des Walfischs Bauch, also wird des Menschen Sohn drei Tage und drei Nächte mitten in der Erde sein" (d. h. im Grabe ruhen). Die Ambofront (jetzt Flügelaltar) des Nikolaus von Verdun in Klosterneuburg bei Wien von 1181 enthält bereits zu 15 (ursprünglich 13) Szenen von der Verkündigung an Maria bis zum Pfingstfest *(sub gratia)*, je eine Präfiguration aus der Zeit vor der Gesetzgebung auf dem Berg Sinai *(ante legem)* und eine aus der Zeit danach *(sub lege)*. Diese erste Typologie in Bildern gründet sich auf Augustinus, Hugo und Adam von St. Viktor und Honorius Augustodunensis, also die höchsten theologischen Autoritäten.

Bloch, Peter: Typologische Kunst. In: Miscellanea mediaevalia. Veröffentlichungen des Thomas-Instituts der Universität zu Köln. Bd. 6. Lex et sacramentum im Mittelalter. Berlin 1969, S. 126–142.

* Röhrig, Floridus: Der Verduner Altar. 4. Aufl. Wien ca. 1970.

Doberer, Erika: Die ehemalige Kanzelbrüstung des Nikolaus von Verdun im Augustiner-Chorherren-Stift Klosterneuburg. In: Zeitschr. des deutschen Vereins für Kunstwissenschaft 31, 1977, S. 3–16.

Die wichtigste Typologie, die sog. *Biblia pauperum* (= Armenbibel), wahrscheinlich schon um die Mitte des 13. Jh. geschaffen, war im

Abb. 2. Abendmahl mit den Typen *Abraham und Melchisedek* sowie *Mannalese*. Aus der Armenbibel *(Biblia pauperum)*. Niederländisches Blockbuch (um 1450).

14. Jh. in zahlreichen Handschriften in Bayern und Österreich verbreitet und wurde um 1430 auch als sog. Blockbuch gedruckt. Sie umfaßte zunächst 34 Bildgruppen mit je zwei alttestamentlichen Typen. Schon die Titel machen den Sinn deutlich:

1. Verkündigung – Verfluchung der Schlange – Gideon und das Vließ.
2. Geburt Christi – Moses am brennenden Busch – Virga Aaron.
3. Anbetung der Könige – David und Abner – Die Königin von Saba vor Salomo.
4. Darstellung im Tempel – Reinigungsopfer nach dem Gesetz – Samuel zu Eli gebracht.
5. Flucht nach Ägypten – Rebekka warnt Jakob vor Esau – David flieht vor Saul.
6. Sturz der Götzen – Zerstörung des Goldenen Kalbes – Zertrümmerung des Götzen Dagon.
7. Kindermord – Saul läßt die Priester töten – Athalia läßt die Kinder des Königs erschlagen.
8. Rückkehr aus Ägypten – Davids Rückkehr – Jakob zieht an die Furt.
9. Taufe Christi – Durchzug durch das Rote Meer – Die große Traube.
10. Versuchung Christi – Jakob verkauft seine Erstgeburt – Versuchung im Paradies.
11. Auferweckung des Lazarus – Elias erweckt den Sohn der Witwe – Elias erweckt den Sohn der Sunamitin.
12. Verklärung Christi – Abraham und die drei Engel – Die drei Männer im feurigen Ofen.
13. Gastmahl Simeons – Nathans Bußpredigt – Mirjam von Moses geheilt.
14. Einzug in Jerusalem – Die Frauen Israels ziehen David entgegen – Die Kinder der Propheten verehren Elisa.
15. Christus reinigt den Tempel – Darius erlaubt den Juden den Wiederaufbau des Tempels – Judas Makkabäus reinigt den Tempel.
16. Judas bietet sich zum Verrat an – Hintergehung Jakobs – Absalon reizt das Volk gegen David.
17. Judas verkauft Christus – Joseph an die Ismaeliten verkauft – Joseph an Potiphar verkauft.
18. Abendmahl – Abraham und Melchisedek – Mannalese (Abb. 2).
19. Judaskuß – Joab tötet Abner – Tryphon überfällt Jonathan.
20. Dornenkrönung – Schande Noahs – Elisa von den Knaben verspottet.
21. Christus vor Pilatus – Jesabel sucht Elias zu töten – Die Babylonier fordern den Tod Daniels.
22. Kreuztragung – Isaak trägt Holz zum Opfer – Elias und die Witwe von Sarepta.
23. Kreuzigung – Isaaks Opferung – Erhöhung der Ehernen Schlange.
24. Seitenwunde – Erschaffung Evas – Moses schlägt Wasser aus dem Felsen.
25. Grablegung Christi – Joseph wird in den Brunnen geworfen – Jonas wird in das Meer geworfen.

26. Christus in der Vorhölle – David tötet Goliath – Simson zerreißt den Löwen.
27. Auferstehung Christi – Simson mit den Türen von Gaza – Jonas vom Walfisch ausgespieen.
28. Die Frauen am Grabe – Ruben sucht Joseph – Die Braut sucht den Geliebten.
29. Christus als Gärtner – Daniel in der Löwengrube – Die Braut findet den Geliebten.
30. Christus erscheint seinen Jüngern – Joseph gibt sich seinen Brüdern zu erkennen – Rückkehr des verlorenen Sohnes.
31. Der ungläubige Thomas – Gideon und der Engel – Jakob ringt mit dem Engel.
32. Himmelfahrt Christi – Henoch wird in den Himmel aufgenommen – Himmelfahrt des Elias.
33. Ausgießung des Heiligen Geistes – Moses erhält die Gesetzestafeln – Opfer des Elias.
34. Krönung Mariae – Salomo und Bathseba – Esther und Ahasverus.

Schmidt, Gerhard: Die Armenbibeln des XIV. Jahrhunderts. Graz–Köln 1959.

Musper, H. Th.: Die Urausgaben der holländischen Apokalypse und Biblia pauperum. München 1961.

Die im 13. Jh. wahrscheinlich in Paris entstandene *Bible moralisée* ist dagegen ein überreich illustriertes Luxusbuch, denn es umfaßt bis zu 2700 Bildpaaren. Sie konnte weder ein Volksbuch werden, noch einen weitreichenden Einfluß auf die Kunst des späten Mittelalters ausüben. Dasselbe gilt für die *Concordantia caritatis* von dem Abt Ulrich († 1358) des niederösterreichischen Zisterzienserstiftes Lilienfeld, die 156 Kapitel nach den Lesungen des Kirchenjahres ordnet und ihnen jeweils vier Typen gegenüberstellt (RDK III).

Das *Speculum humanae salvationis* (= Spiegel des menschlichen Heils, kurz: *Heilsspiegel*) schrieb wahrscheinlich nicht der Dominikaner Ludolf von Sachsen um 1324 in Straßburg, wie bisher angenommen wurde, sondern es entstand schon am Ende des 13. Jh. in Italien, vielleicht in Bologna (Schmidt). Es enthält 42 Kapitel zu je 100 lateinischen Versen. Dem Geschehnis des Neuen Testaments (vom 3. Kapitel an) folgen im Gegensatz zur *Biblia pauperum* drei Typen:

1. Sturz des Luzifer – Erschaffung Evas – Befehl Gottes an Adam und Eva – Eva und die Schlange.
2. Der Sündenfall – Die Vertreibung aus dem Paradies – Adam und Eva bei der Arbeit – Die Sintflut.
3. Verkündigung der Geburt Mariae – Der Traum des Astyages – Der versiegelte Brunnen im verschlossenen Garten – Bileam.

4. Geburt Mariae – Die Wurzel Jesse – Die verschlossene Tempelpforte – Der Tempel Salomons.
5. Darstellung Mariae – Der Tisch der Sonne – Jephtas Tochter – Die Königin von Persien im hängenden Garten.
6. Die Verlobung Mariae – Die Verlobung des jungen Tobias mit Sara – Der Turm Baris – Der Turm Davids.
7. Die Verkündigung des Herrn – Moses und der feurige Busch – Gideon und das Vließ – Rebekka und Elieser.
8. Geburt Christi – Der Traum des Mundschenken – Der grünende Stab Aarons – Augustus und die tiburtinische Sibylle.
9. Die Heiligen Drei Könige – Die Heiligen Drei Könige beten den Stern an – Die drei Helden Davids – Salomons Thron.
10. Die Darstellung Christi – Die Bundeslade – Der siebenarmige Leuchter – Darstellung Samuels.
11. Flucht nach Ägypten – Die ägyptische Madonna – Moses zerbricht Pharaos Krone – Nebukadnezar sieht im Traum den Götzen.
12. Taufe Christi – Das eherne Meer – Naamann wird vom Aussatz befreit – Die Bundeslade wird trocken durch den Jordan getragen.
13. Versuchung Christi – Daniel tötet den Drachen – David tötet Goliath – David tötet den Löwen und den Bären.
14. Magdalena zu Füßen Christi – Manasse im Gefängnis – Die Rückkehr des verlorenen Sohns – David und der Prophet Nathan.
15. Einzug Christi in Jerusalem – Jeremias weint über Jerusalem – David wird mit Jubel empfangen – Die Geißelung Heliodors.
16. Das Abendmahl – Das Manna – Das Passahlamm – Abraham und Melchisedek.
17. Die Häscher fallen vor Christus nieder – Simson, Sangar und David töten ihre Feinde (3 Szenen).
18. Der Verrat des Judas – Joab tötet Amasa – Saul wirft den Speer auf David – Kain und Abel.
19. Verspottung Christi – Hur wird verspieen – Noahs Schande – Simson von den Philistern verspottet.
20. Geißelung Christi – Achior an einen Baum gebunden – Lamech wird mißhandelt – Geißelung Hiobs.
21. Dornenkrönung Christi – Darius und Apamene – Simei flucht David – Der König von Ammon verunehrt die Gesandten Davids.
22. Kreuztragung – Isaak trägt sein Opferholz – Der Erbe des Weinbergs – Die Traube.
23. Die Annagelung an das Kreuz – Jubal und Tubalkain – Jesaias wird zersägt – Der König von Moab opfert seinen Sohn.
24. Christus am Kreuz zwischen den Schächern, Maria und Johannes – Der Traum Nebukadnezars – Der Opfertod des Königs Kodros – Eleasar und der Elefant.
25. Der Gekreuzigte von den Juden verspottet – Mikal verspottet David – Absaloms Tod – Evilmerodach zerschneidet den Leichnam seines Vaters.

26. Schmerz Mariae bei der Kreuzabnahme – Jakobs Schmerz – Adam und Eva trauern um Abel – Naëmi trauert um ihren Mann und ihre Söhne.
27. Grablegung Christi – Davids Trauer bei Abners Begräbnis – Joseph wird in die Grube geworfen – Jonas wird ins Meer geworfen und vom Fisch verschlungen.
28. Die vier Regionen des Totenreichs – Die drei Jünglinge im Feuerofen – Daniel in der Löwengrube – Der Strauß befreit sein Junges.
29. Christus besiegt den Teufel – Benaja tötet einen Löwen – Simson tötet den Löwen – Ehud tötet den König Eglon.
30. Maria besiegt den Teufel – Judith tötet Holofernes – Jael tötet Sisara – Tomyris tötet den König Cyrus.
31. Die Befreiung der Erzväter – Der Auszug der Israeliten aus Ägypten – Abraham aus dem Feuer der Chaldäer befreit – Lots Auszug aus Sodom.
32. Auferstehung Christi – Simson hebt die Tore von Gaza aus – Jonas wird ausgespieen – Der Schlußstein.
33. Himmelfahrt Christi – Die Jakobsleiter – Der gute Hirte – Elias Himmelfahrt.
34. Ausgießung des Heiligen Geistes – Der Turmbau zu Babel – Die Israeliten in Erwartung des Gesetzes – Das Ölkrüglein der Witwe.
35. Compassio Mariae – Die Mutter des jungen Tobias trauert um ihren Sohn – Der verlorene Groschen – Saul und Michol.
36. Aufnahme Mariae in den Himmel – David bringt die Lade nach Jerusalem – Das Weib der Offenbarung – Salomo weist seiner Mutter einen Platz neben sich an.
37. Maria bittet für die Menschen (Dominikus und Franziskus) – Abigail besänftigt Davids Zorn – Das Weib von Thekoa besänftigt Davids Zorn – Eine Frau besänftigt Joab.
38. Die Schutzmantelmadonna – Tharbis verteidigt eine Stadt gegen Moses – Thebez gegen Abimelech verteidigt – Mikal begünstigt die Flucht Davids.
39. Christus zeigt dem Vater seine Wunden – Antipater und Julius Caesar – Maria zeigt dem Sohn ihre Brüste – Esther bittet für das Volk Israel.
40. Das Jüngste Gericht – Das Gleichnis von den anvertrauten Pfunden – Die klugen und die törichten Jungfrauen – Mane, Thecel – Phares.
41. Die Strafen der Hölle – Davids Rache – Gideons Rache – Der Untergang Pharaos.
42. Die Freuden der Seligen – Salomo und die Königin von Saba – Das Gastmahl des Königs Assuis – Das Gastmahl der Kinder Hiobs.

Den meisten Handschriften des Speculum ist ein Anhang von drei selbständigen mystischen Abhandlungen angefügt, die auch für sich allein vorkommen und somit einen eigenen Zyklus bilden: 1. Sieben Stationen des Leidens Christi. 2. Sieben Schmerzen Mariae. 3. Sieben Freuden Mariae.

Diese in ihrem Umfang übersehbare Reihe ist heute noch in mehr als 300 größtenteils illustrierten Handschriften erhalten. Sie wurden auch frühzeitig (vor 1473) gedruckt. Einen großen Teil der Szenen zeigen der Heilsspiegel-Teppich in Kloster Wienhausen (um 1430), andere die farbigen Fenster im Kreuzgang des Klosters Ebstorf bei Lüneburg (gegen 1420).

Lutz, J., und P. Perdrizet: Speculum humanae salvationis. I/II. Mulhouse 1907.

Breitenbach, Edgar: Speculum humanae salvationis. Eine typengeschichtliche Untersuchung. Straßburg 1930 (Studien zur deutschen Kunstgeschichte. Heft 272).

Schmidt, Gerhard: Speculum humanae salvationis (Rezension zur Faksimile-Ausgabe). In: Kunstchronik 27 (1974), S. 152–166.

6. Das Sakrament des Altars

Als Dieric Bouts 1464–67 den Sakramentsaltar für die Peterskirche zu Löwen malte, fügte er nach dem Vorbild des Heilsspiegels (Nr. 16) dem Abendmahl, das die Mitte einnimmt, auf den Flügeln hinzu: *Abraham und Melchisedek* (Gn 14, 17–20), die *Mannalese* (Ex 16, 13–36) und das *Passah-Mahl* (Ex 12). Um die beiden Flügel mit je zwei Gemälden gleichmäßig zu füllen, war ein vierter Typus notwendig: *Ein Engel ernährt Elias in der Wüste* (3 Kg 19, 1–8). Zwei von der Bruderschaft des Heiligen Sakraments bestimmte Theologen haben dieses Thema ausgesucht. So schrieb es der Kontrakt des Meisters mit der Bruderschaft vor (der bis 1914 erhalten war). Zum Dank hat Bouts sie im Gefolge Melchisedeks porträtiert.

Ähnlich ist die Predella von Brüggemanns Altar in Schleswig zu verstehen (Taf. 1). Ihre Mitte nimmt das vergitterte Fach für das Sakrament ein. Von den vier geschnitzten Feldern zu seinen Seiten stellt das erste links das Heilige Abendmahl dar, die beiden äußeren zwei vom Heilsspiegel als Typen vorgeschriebene Szenen des Alten Testaments, *Abraham und Melchisedek* (Taf. 2) und das *Passahmahl*. Das vierte Feld, das Gegenstück zum Heiligen Abendmahl, wird seit je als ein *Abendmahl der altchristlichen Gemeinde* (Taf. 3) gedeutet. Unabhängig von ihrer historischen Reihenfolge rahmen die beiden neutestamentlichen Szenen das Sakramentsfach ein, während die alttestamentlichen Typen auf die Außenseiten verwiesen sind. Deutlich wurden das innere und das äußere Paar als Pendants entworfen, wie die großen runden bzw. kleinen eckigen Tische zeigen. Für das erste Paar benützte Brüggemann Dürers Kleine Passion, für das andere den Holzschnitt aus Dürers Marienleben *Die Darstellung im Tempel*, worauf Simeon das Christkind empfängt.

Sixtus de verde pawest hefft gegeuen allen mynschen de dit nageschreuene beth lesen vor deme bylde marien dar se steyt yn der sonnen vnde hefft de mane vnder oren voten vñ ihesum uppe oren armen. xi. dusent yar afflates

Begrutet sistu aller hillichste maria Ene moder gades Ene koninginne des hemels. Ene porte des paradises Ene vrouwe der werlt Du byst eyne sunderlynges reyne Juncfrouwe Du heuest vntfangē ihesum sunder sunde Du heuest geteletdē schepper Unde dē salichmaker disser werlt dar yk nycht anetwyuel Bydde vor my ihesum dynen leuen sone vnde vorlose my van allen quaden Amen

Abb. 3. Maria in der Glorie, darunter Ablaßverheißung und Gebet. Einblattholzschnitt (um 1500). Kloster Ebstorf.

Für das *Abendmahl der ersten Christen,* das in der Apostelgeschichte gelegentlich erwähnt wird, gibt es in der Kunst m. W. keine Parallele. Die Christen sitzen um den runden Tisch unter der Lampe versammelt, denn es ist ja Abend, und empfangen von dem Bischof – an Christi Stelle – das Brot, ähnlich wie es Christus den Jüngern reicht. Allerdings stehen auf dem Tisch zwei große Kelche – die unübersehbaren Zeichen für das Abendmahl „unter beiderlei Gestalt“, wie es die Reformatoren allen Gläubigen gewährten.

Die Spitze des Schreines ist zu einem Chorkapellchen ausgebaut. Darin schwebt in einem Strahlenkranz die Muttergottes. Sie erscheint also zwischen dem Weltenrichter im Gespreng und dem Gekreuzigten des Kalvarienberges. Der Nachteil dieses an sich so hervorragenden Platzes: Wenn die Flügel geschlossen waren, blieb die Muttergottes unsichtbar. Vielleicht um diesen Nachteil auszugleichen, stehen links und rechts vor dem Altar zwei hohe Säulen mit großen, voluminösen Figuren: Kaiser Augustus mit Turban und Krone geschmückt, sowie die Sibylle von Tibur in reichem Phantasie-Kostüm. Die *Legenda aurea* erklärt, wie die Sibylle dem Weltkaiser in der Heiligen Nacht das Kind auf dem Arm der Jungfrau gezeigt habe, das die Welt nach ihm in Ewigkeit regiert. So weist die Sibylle auf den künftigen Herrn hin, und Augustus ist bereit, ihn mit erhobenen Händen zu empfangen (in Schleswig wurden die Figuren leider vertauscht aufgestellt, weshalb dieses dort nicht deutlich wird). Diese Gruppe wurde in das *Speculum humanae salvationis* als Typus der Geburt Christi aufgenommen (Nr. 8) und war auch an anderen Altären (u. a. von Rogier van der Weyden, Jan Joest von Kalkar und Heinrich Douvermann) sowie in Kupferstichen (Meister E. S.) allgemein bekannt. In einem Altar, der das Leiden und Sterben des Herrn zum Thema hat, wirkt die Gruppe fremd. Doch die Muttergottes durfte hier nicht fehlen, denn ihr ist die Klosterkirche Bordesholm geweiht! Wenn der Altar geöffnet wurde, konnten die Gläubigen die hl. Jungfrau im Strahlenkranz der Sonne mit dem Mond unter ihren Füßen und Jesus auf ihrem Arm im Gebet verehren. Dafür erhielten sie den Ablaß, den Papst Sixtus IV. (1471–84) für dieses Bild bzw. das Gebet davor bewilligte, wie ein niederdeutscher Holzschnitt versichert (Abb. 3). Deshalb erschien es so wichtig, daß Augustus und die Sibylle auf sie hinweisen.

KNAUER, Elfriede: A Cubiculo Augustorum. Bemerkungen zu Rogier van der Weydens Bladelin Altar. In: Zeitschrift für Kunstgeschichte 33 (1970), S. 332–339.

7. Reliquien und geistliches Spiel

Eine andere Besonderheit des Altars wird durch die Geschichte Bordesholms erklärt. Das Lendentuch des gekreuzigten Herrn fällt mit gewaltigem Schwung von seiner Hüfte nieder und weht unter seinen Knien waagerecht zur Seite, wie es in norddeutscher Skulptur kein zweites Mal gefunden wird (Taf. 4 a). In der *Bordesholmer Marienklage,* einem geistlichen Spiel, das durch den damaligen Propst Johannes Rehborch 1475/76 nach Bordesholm gelangte und das bis zur Reformation alljährlich am Karfreitag als Teil des Gottesdienstes im Chor der Kirche oder im Freien davor von den Klerikern aufgeführt wurde, verhüllt Maria die Blöße ihres am Kreuz hängenden Sohnes mit ihrem Schleier. Mariens Schleier wird dadurch zum Lendentuch des Herrn. Das bezog sich auf die in Bordesholm verehrte Reliquie vom Schleier Mariens, für deren Verehrung (sowie für die einer Reliquie des Heiligen Kreuzes) ein Ablaß von 40 Tagen verheißen war. Im geistlichen Spiel wurde sie lebendig gemacht, und die Darstellung im Altar ist ihr dauerndes Zeichen.

Einige der niederdeutschen Verse aus der *Klage Mariens:*

. . . myn leve Kynt . . .
Ik wyl dat wedder bedecken:
Id schal nicht lengher naket stan,
Mynen do̊k wyl yk em umme slån,
Wente yk arme moder Marie
Eynen anderen doek wedder lye.
. . . .
Johannes, lose nun auf den do̊k doch,
Den yk em umme synen hylgen syden slo̊ch',
Dar ys ynne dat hylge dure blot,
Dat ute synen depen wunden vlot.
Dat mochte noch up desser erden
Mennigen mynschen to troste werden.

Die *Marienklage* war ein geistliches Schauspiel, zu dem die Menschen aus weitem Umkreis nach Bordesholm wanderten. Wolfgang Stammler (in: Geschichte der niederdeutschen Literatur. 1920) nannte es das „schönste Werk, welches die Marienverehrung im Mittelalter hervorgebracht hat". Weil es in die Liturgie des Karfreitags eingebaut war, kennt es nicht die possenhaften Szenen der in jener Zeit volkstümlichen Passionsspiele. Kleriker trugen die lateinischen Gesänge und Hymnen vor, bewegten sich in gemessenen Schritten auf der Kreisbühne, die man vor einem in Bordesholm vorhandenen Chorvorhang aufschlug. Auch die Frauenrollen übernahmen Männer. – Die *Klage* ist mehr lyrisch als dramatisch gehalten, sie will das Gemüt des Zuschauers beeinflussen und seine Seele erschüttern durch die feinen Mittel der Musik und der Deklamation, durch Schönheit der Sprache und Klarheit des Ausdrucks, durch die Tiefe der Gedanken – „eine Oper unter den Marienklagen“.

Zu Himmelfahrt zog man in der Klosterkirche Bordesholm eine geschnitzte Figur Christi durch ein Loch im Chorgewölbe hoch und stellte den Vorgang realistisch dar. Danach folgte eine Art Scherz: „Wenn dann die anwesenden Bauern nach den heruntergeworfenen Hostien und Oblaten griffen, begoß man sie von oben herab mit Wasser“ (Noodt). Angesichts solcher Attraktionen wird es verständlich, daß die Klosterkirche für diese Veranstaltungen noch kurz vor der Reformation erweitert werden mußte! Derart munteres Beiwerk rund um das geistliche Spiel darf uns jedoch nicht täuschen: Im Zentrum stand das Nacherleben der Passion und Auferstehung des Herrn. Wie der Titel des Spiels *Marienklage* andeutet, wird die Passion durch Mariens Mitleiden empfunden *(Compassio)*, also mit der Patronin von Bordesholm erlebt.

Damit sei eine alte Frage angerührt, wieweit die geistlichen Spiele des Mittelalters auf die Gestalt der entsprechenden Bilder einwirkten. Kenner der Literatur waren geneigt, sie zu bejahen, weil sie dem Wort den Vorrang einräumen. Die seit der Zeit um 1400 immer beliebteren Kreuzigungstafeln mit vielem Volk mögen wie Illustrationen eines Passionsspiels wirken – man denke an das in Oberammergau heute noch aufgeführte. Das Mittelfeld von Brüggemanns Altar schien zu solchen Illustrationen zu gehören. Allein, Bild und Spiel gleichen sich, weil sie dieselben Themen darstellen und sich – selbstverständlich – beide der Stilformen ihrer Zeit bedienen. Überdies rechnen wir viel zu wenig damit, daß in jeder Künstlerwerkstatt neben den uns bekannten Altartafeln Dinge entstanden, die wir als *Festdekorationen* bezeichnen würden. (Stefan Lochner z. B. lieferte 1442 für den Empfang König Friedrichs III. durch die Stadt Köln „die Schilde, die an deme vass mit deme wijne, den man deme Konynk schenkde, mit der stat wapen gepapt [= geklebt] waren“, dazu Stützen für den Traghimmel und Banner für Trompeten.) Solche handwerklich-dekorativen Aufträge galt es neben den großen Tafeln zu erfüllen, denn von diesen, die wir allein als Kunstwerke betrachten, konnte wohl kein Künstler leben. Auf dieser handwerklichen Ebene der Kunst fand ein Austausch der Erfahrungen statt, die Wiedergabe des im Spiel oder in der Werkstatt wirklich Gesehenen im Bilde, ebenso wie umgekehrt die Umsetzung der bildkünstlerischen Komposition in das mit allem Aufwand hergerichtete Spiel.

NOODT, J. F.: Bordesholmische Merckwürdigkeiten. Altona 1737.

KÜHL, G.: Die Bordesholmer Marienklage. In: Jahrbuch des Vereins für niederdeutsche Sprachforschung 24 (1899), S. 1–75 und Notenbeilage 1–14: Melodien der Bordesholmer Marienklage.

Allgemein:

LIPPHARDT, Walther: Lateinische Osterfeiern und Osterspiele, 7 Teile. Berlin–New York 1975 f.

DE BOOR, Helmut: Die Textgeschichte der lateinischen Osterfeiern. Tübingen 1967 (Hermaea. Germanistische Forschungen. N. F. 22).

FRONING, Richard: Das Drama des Mittelalters. Die lateinischen Osterfeiern und ihre Entwicklung in Deutschland. Die Osterspiele. Die Passionsspiele. Weihnachts- und Dreikönigsspiele. Fastnachtsspiele. Stuttgart 1891/92. Nachdruck Darmstadt: WB 1964, S. 248 f.

BORCHERDT, Hans Heinrich: Das europäische Theater im Mittelalter und in der Renaissance. Leipzig 1935. Nachdruck Reinbek bei Hamburg (rde) 1969.

ROTH, Elisabeth: Der volkreiche Kalvarienberg in Literatur und Bildkunst des Spätmittelalters. 2. Aufl. Berlin 1967 (Philologische Studien und Quellen. 2), besonders S. 128.

8. Die Tradition der Bilder

In den eingangs zitierten Handbüchern wird jedes ikonographische Thema von seinem Entstehen an verfolgt. Fast hat es den Anschein, als löse sich die Ikonographie in die Geschichte der einzelnen Themen auf, als sei damit ihr Ziel erreicht. Sobald man versucht, ein Werk zu deuten, stellt sich indessen die Gegenfrage: Welche Vorbilder kann der Künstler überhaupt gekannt haben, auf welche Bild-Tradition griff er zurück? Für die meisten Szenen von Brüggemanns Altar ist die Frage durch den Hinweis auf das benützte Vorbild, Albrecht Dürers Kleine Holzschnitt-Passion, bereits beantwortet. Ausgenommen bleiben diejenigen, die Brüggemann teilweise oder ganz unabhängig von Dürer entwarf, nämlich die *Beweinung Christi*, die *Kreuztragung* und die *Kreuzigung*.

Es gibt heute kein anderes Werk, das Brüggemann mit seiner *Beweinung Christi* nachgeahmt haben könnte. Weder die Komposition, die Rogier van der Weyden in seinen Gemälden gab, noch die meist plastischen Vesperbilder der Spätgotik (z. B. in Goslar) kennen ein so realistisches Lasten des Leichnams Christi auf dem Knie der Schmerzensmutter, daß man gemeint hat, in dieser Figur eine Naturstudie sehen zu müssen. Das mag zutreffen; sieht man jedoch von der einzigartigen Mittelgruppe ab, so begegnet in ihrer symmetrischen Einrahmung durch Johannes und Maria Magdalena eine Formel, die schon Rogier van der Weyden anwandte (Beweinung, Brüssel). – Entsprechend gehören die *Kreuztragung* und *Kreuzigung* (Taf. 4), die beide die volkreichen Szenen bilden – die Kunsthistoriker sagen kurz: *mit Gedräng* –, in eine Tradition, die mit Giottos Fresken in Padua (1305) anhebt und um 1400 bereits in Werken z. B. des Conrad von Soest ihren Höhepunkt erreicht. Der lange, folgerichtig in ein Querformat gesetzte Zug zum Kalvarienberg wird zum beliebten Thema in der niederländischen Malerei des 15. Jh. (Jan van Eyck, Budapest; Hans Memling, München), die volkreiche Kreuzigung in großen Altartafeln Westfalens bereits seit dem Ende des 14. Jh. (Berswordt-Altar, Dortmund). Seit langem sind die entscheidenden Figuren festgelegt: In der *Kreuztragung* Simon von Kyrene, der Christus hilft, das Kreuz zu tragen; Veronika mit dem Schweißtuch; die Knechte, die Christus antreiben, stoßen und ziehen; ein anderer, der in einem Korb die Kreuzesnägel trägt; Pontius Pilatus und der Hohepriester zu Pferde; links, wo der Zug aus dem Stadttor von Jerusalem quillt, Maria, Johannes und die beiden anderen Marien. – In der *Kreuzigung:* Christus zwischen den beiden Schächern; Magdalena, die klagend die Hände hebt (in anderen Darstellungen auch das Kreuzesholz umschlingt); Mariae Ohnmacht; die Knechte, die sich um Christi Rock raufen (links); der Schreiber des Titulus (rechts); zu Pferde der gläubige Hauptmann und Pilatus (rechts); links vom Kreuz auch Longinus zu Pferde, wie er die Lanze in Christi Seite sticht. Weil die *Legenda aurea* von ihm sagt, er habe durch Alter oder Krankheit schwache Augen gehabt und sei durch Christi Blut, das an der Lanze herablief und seine Augen berührte, geheilt und gläubig geworden, stellt ihm die Bildkunst einen Helfer zur Seite, der ihm die Lanze führt (Taf. 10 a)! Auf diese Weise heben Bild und Legende den Lanzenstich hervor. Was wie eine beiläufige Einzelheit von der Geschichte der Kreuzigung aussieht, gehört aus zwei Gründen zum Zentrum des Glaubens: Nach Apk 1, 7 (sie werden sehen, in wen sie gestochen haben) weist dies auf den Weltenrichter hin. Und: Blut und Wasser, die aus Christi Seite flossen, sind das Lösegeld des Heils (Karfreitagsliturgie des *Pontificale Romano-Germanicum,* um 950) und bedeuten die Sakramente des Altars und der Taufe.

III. DIE HEILIGEN

9. Heiltumsschätze

Den Glauben an die von den Reliquien der Heiligen (kurz: Heiltümer) ausgehende Kraft und ihr Weiterwirken in Abbildungen und Zeichen, insbesondere, wenn diese an den Heiltümern „angerührt" worden sind, können wir gar nicht hoch genug veranschlagen und müssen uns daraus die Auswirkungen erklären: Schon Karl der Große häufte in Aachen einen Schatz von Reliquien an, später Karl IV. in der Burg Karlstein. Weitgehend erhalten blieben die berühmten Schatzkammern der Dome von Aachen, Bamberg (in München), Braunschweig (in Berlin), Essen, Halberstadt, Köln, Minden, Münster, Osnabrück, Prag und Trier. Die am höchsten verehrten Stücke wurden in Gold und Silber gefaßt. Doch erst am Ende des Mittelalters setzte eine Multiplikation nicht nur der Reliquien, sondern auch der kostbarsten Gefäße ein. Man sollte sie bestaunen! Sie wurden zur Heiltumsschau von einer erhöhten Empore, einer Galerie oder dem sog. Heiltumsstuhl aus den Gläubigen gezeigt und in Büchern ausführlich publiziert, so in Wittenberg 1509 mit Holzschnitten von Lucas Cranach d. Ä. (Abb. 4) (Nachdruck zuletzt 1969). Dieses Verzeichnis zählt in 8 „Gängen" 116 zumeist silberne Reliquiare, häufig in Form von Heiligenfiguren, auf und schließt: „Summa summarum aller partickel: 5 Tausent und 5 partickel. Von itzlichem partickel hundert tag aplas. Sint 8 genge, hat itzlicher gangk in sunderheit hundert tag und ein Caren [= 40 Tage] ablas. Selig sindt die sich des teilhaftig machen." So bildet der Ablaß den Zweck des ganzen Aufwandes, d. h. der teilweise oder vollständige Erlaß der zeitlichen Sündenstrafen und der nach dem Tode zu erwartenden Höllenpein. Wer heute weder an den göttlichen Segen glaubt, den die Heiltümer ausstrahlen, noch die Strafen fürchtet, die den Sünden folgen, kann es nicht nachempfinden, wie den Menschen des Mittelalters jedes Mittel recht sein mußte, den drastisch in Wort, Bild und Spiel vorgestellten Höllenstrafen zu entgehen, um statt dessen nach dem Tode mit den Seligen in den Himmel einzuziehen, wie es Texte und Bilder ausmalten. Der Glaube an die göttliche Gnade, die das Gebet vor den Heiltümern vermittelt, ist die Ursache der Ablaßbriefe, die Päpste und Bischöfe seit dem 2. Konzil

Abb. 4. Lucas Cranach d. Ä.: Apostel Johannes und Bartholomäus. Holzschnitt nach den Silberfiguren im Wittenberger Heiltum (1509).

von Lyon 1274 jeder Kirche gewährten, die dafür zu zahlen bereit war. Wenn sie in Geldverlegenheiten gerieten, wie z. B. Papst Leo X., als er die Peterskirche errichtete, haben sie sich gern dieser Einkunftsquelle bedient. Wir sollten nicht verkennen, daß ohne die Versicherung des Ablasses nur ein geringer Bruchteil der Kirchen gebaut, der Figuren und Bilder gestiftet worden wäre. Diesem Phänomen haben wir die Blüte der Kunst im Spätmittelalter zu verdanken! Deshalb sollte sich kein Liebhaber der Kunst der Kritik anschließen, die so gern an Reliquienkult und Ablaßwesen geübt wird und die vielfach von der Frage nach der „Echtheit“ der Reliquien ausgeht: In den Bereichen von Kunst und Legende spielt diese Frage keine Rolle, weil einzig und allein die Tatsache zählt, daß die Menschen im Mittelalter die Reliquien verehrten und glaubten, den Segen Gottes durch sie zu empfangen.

PAULUS, Nikolaus: Geschichte des Ablasses im Mittelalter. Bd. 1–3. Paderborn 1922–23.

BRAUN, Joseph: Die Reliquiare des christlichen Kultes und ihre Entwicklung. Freiburg 1940.

HALM, Philipp Maria, und Rudolf BERLINER: Das Hallesche Heiltum. Berlin 1931.

10. Reliquien und Heiligenverehrung

In der Stiftskirche St. Stephan in Mainz befand sich seit 1212 im Hauptaltar hinter einem Gitter verschlossen eine silberne Büste der hl. Anna, der Mutter Mariens, mit der Reliquie eines Stückes ihrer Hirnschale. Als im Jahre 1500 ein Steinmetz Leonhard hinter dem Hauptaltar an einer Wandnische arbeitete, entwendete er die Büste und brachte sie nach Kornelimünster, später von dort nach Düren am Niederrhein. Natürlich setzte das Kapitel von St. Stephan alles daran, die Reliquie zurückzuerhalten. Angeblich aber habe die Bevölkerung von Düren den Verbleib des Anna-Hauptes erzwungen, indem sie die Abgesandten von Mainz im Gasthaus bedrängte und einen Beschluß des Rates erreichte, daß dieser die Reliquie beschlagnahmte und in die Dürener Kirche bringen ließ. Trotz dreier Gesandtschaften, zweier Mandate des Papstes Alexander VI. und des über Düren verhängten Interdiktes blieb die Stadt hartnäckig. Dank der Hilfe des Herzogs Wilhelm von Jülich und des Kaisers Maximilian I. empfing sie im Jahre 1506 von Papst Julius II. die Lossprechung von allen Kirchenstrafen – und durfte das Anna-Haupt behalten. (2700 Goldgulden hat Düren dafür bezahlt.) Die Anna-Wallfahrt, die mit dem Eingreifen des Volkes spontan einsetzte, war gesichert. Grundlage war sowohl die Ablaßverheißung Alexanders VI. für die Verehrung des Bildes der hl. Anna „selbdritt“ als auch die Verbreitung der Anna-Bruderschaften am Niederrhein, die nun nach Düren pilgerten. In ihren heimatlichen Kirchen stifteten sie Annen-Altäre und statteten diese mit Tafeln aus, in denen die hll. Anna und Maria mit dem Christuskind stets die Mitte einnehmen und häufig die gesamte Verwandtschaft darum versammelt ist, denn, wie der Merkvers der *Legenda aurea* beschreibt:

Anna war ein selig Weib.
Drei Marien gebar ihr Leib.
Drei Mannen hatt' sie zur Eh',
Joachim, Cleophas, Salome.
Joseph ward Marien geben,
die gebar Jesum unser geistlich Leben.
Alphaeus die ander Maria nahm,
die gebar Jacob, Joseph, Simon und Judam.
Die dritte Maria ward nicht verlassen,
sie gebar aus Zebedaeo Johannem und Jacob den Großen.

Auf dem linken Flügel des Hochaltars, den Derick Baegert 1468 bis 1474 in Wesel für die Propsteikirche der Dominikaner in Dortmund malte (Taf. 5), ist um die in der Mitte thronende Gottesmutter mit dem Kinde die ganze Heilige Sippe versammelt, links Anna mit ihren drei Männern, vor ihr die beiden anderen Marien mit deren Männern Zebedäus und Alphäus und Kindern, auf der anderen Seite Joseph und zusätzlich die weitere Verwandtschaft, nämlich in der Mitte der rechten Gruppe Hismeria (auch Esmeria), die Schwester der Anna. Diese gebar Elisabeth, die Frau des Zacharias und Mutter Johannes des Täufers, sowie den Eliud, dessen Sohn Enim, mit Memelia verheiratet, Vater des hl. Servatius wurde, des Bischofs von Lüttich, Maastricht und Tongern. Er war das Glied der Heiligen Sippe, von dem man glaubte, daß es bis ins Abendland gelangt sei, und durfte deshalb in der Aufstellung nicht fehlen. Diese komplizierte Verwandtschaft bezeugt wiederum die *Legenda aurea*. Um die Darstellung des Bildes verständlich zu machen, trug Derick Baegert die Namen ein. Im Hintergrund rechts sieht man eine Ansicht der Stadt Dortmund.

GATZ, Erwin: St. Anna in Düren. Mönchengladbach 1972.
KLEINSCHMIDT, Beda: Die heilige Anna, ihre Verehrung in Geschichte, Kunst und Volkstum. Düsseldorf 1930 (Forschungen zur Volkskunde. H. 1–3. Hrsg. von Georg Schreiber).

11. Die Legenda aurea

Das im Mittelalter nach der Bibel am stärksten verbreitete Buch wurde schon mehrfach erwähnt, weil es so viele Heiligen-Darstellungen verständlich macht. Dennoch ist es kein Heiligenlexikon, eher eine Sammlung von Betrachtungen, die den Geschehnissen des Neuen Testaments die Geschichten von Wundern und Heiligen sowie deren Deutung hinzufügt. In 182 Kapiteln enthält es 11 Zeit-, 16 Festbetrachtungen und 155 Heiligenlegenden. Es ist ein Lehrbuch und sogar wissenschaftlich gemeint, denn es interpretiert ausführlich die Namen etymologisch und referiert dabei jede Meinung gewissenhaft, wenn auch die Etymologie dem heutigen Leser „haarsträubend" vorkommt. 235 Quellen sind im Text zitiert, darunter die Kirchenväter und viele Biographien. Die *Legenda aurea* entspricht damit der theologischen Wissenschaft der Zeit. Trotzdem kann jedermann ihren Sinn verstehen, weil nach Art einer Predigt jedes Geschehnis ausführlich erläutert wird und sie trotz der Fülle wie eine „Kunstschöpfung aus einem Guß" wirkt. Die *Goldene Legende* war wirklich geeignet, im Gottesdienst am Jahrestag der Heiligen oder während der Klostermahlzeit vorgelesen zu werden, wie es der Titel nahelegt (lat. *legenda* = das, was gelesen werden soll).

Jacobus de Voragine wurde um 1230 in Varazze am Tyrrhenischen Meer (zwischen Genua und Savona) geboren und starb 1298 als Erzbischof von Genua. Er war Dominikaner in Genua, und das heißt: Bettelmönch und Wanderprediger. Er schrieb dieses umfangreiche Werk vor 1267 im Lauf weniger Jahre. Daraus ein Abschnitt:

Christophorus hieß vor seiner Taufe Reprobus, darnach aber ward er Christophorus genannt, das ist: der Christum trägt. Denn er trug Christum auf vierlei Weise: auf seinen Schultern, da er ihn über das Wasser brachte; in seinem Leib durch die Kasteiung, die er sich antat; in seinem Geist durch seine innige Andacht; in seinem Munde durch sein Bekenntnis und durch seine Predigt.

Da er einst in seiner Hütte ruhete, hörte er, wie eines Kindes Stimme rief „Christophore, komm heraus und setz mich über." Er stund auf und lief hinaus, konnte aber niemanden finden; also ging er wieder in seine Hütte. Da hörte er die Stimme abermals. Er ging wieder hinaus und fand niemanden. Darnach hörte er die Stimme zum dritten Male wie zuvor; und da er hinausging, fand er ein Kind am Ufer, das bat ihn gar sehr, daß er es hinübertrage. Christophorus nahm das Kind auf seine Schulter, ergriff seine Stange und ging in das Wasser. Aber siehe, das Wasser wuchs höher und höher, und das Kind ward so schwer wie Blei. Je weiter er schritt, je höher stieg das Wasser, je schwerer ward ihm das Kind auf seinen Schultern; also daß er in große Angst kam, und fürchtete, er müßte ertrinken. Und da er mit großer Mühe durch den Fluß war geschritten, setzte er das Kind nieder und sprach „Du hast mich in große Fährlichkeit bracht, Kind, und bist auf meinen Schultern so schwer gewesen; hätte ich alle diese Welt auf mir gehabt, es wäre nicht schwerer gewesen." Das Kind antwortete „Des sollst du dich nicht verwundern, Christophore; du hast nicht allein alle Welt auf deinen Schultern getragen, sondern auch den, der die Welt erschaffen hat. Denn wisse, ich bin Christus, dein König, dem du mit dieser Arbeit dienst. Und damit du siehst, daß ich die Wahrheit rede, so nimm deinen Stab, wann du wieder hinüber gegangen bist, und stecke ihn neben deiner Hütte in die Erde; so wird er des Morgens blühen und Frucht tragen." Damit verschwand er vor seinen Augen. Christophorus aber ging hin und pflanzte seinen Stab in die Erde; und da er des Morgens aufstund, trug der Stab Blätter und Früchte als ein Palmenbaum.

* Benz, Richard: Die Legenda aurea des Jacobus de Voragine, aus dem Lateinischen übersetzt. Heidelberg: Lambert Schneider 4. Aufl. 1963.

von Nagy, Maria, und N. Christoph de Nagy: Die Legenda aurea und ihr Verfasser Jacobus de Voragine. Bern–München 1971.

* Rosenfeld, Hellmut: Legende. 7. Aufl. Stuttgart 1964 (Sammlung Metzler. Realienbücher für Germanisten).

Wissenschaftliches Quellenwerk:

Acta Sanctorum. Hrsg. von den Bollandisten. 1643–1940. 67 Bde., geordnet nach dem Kalender (Gewöhnlich zitiert: AASS).

12. Die Wirkung des Heiligenbildes

Daß ein Heiligenbild unabhängig von der Reliquie ebenso wirken kann wie diese, geht aus der Legende hervor: Mehrere Heilige baten vor ihrem Martyrium um die Gnade, daß diejenigen erhört werden, die bei ihrem Namen um Hilfe flehen, so z. B. die hl. Barbara. Bei Christophorus heißt es in der *Legenda aurea:* „Und dem Heiligen ward seine Bitte gewährt, daß er Krankheit und Siechtum vertreibe." Der Volksglaube des Spätmittelalters machte deswegen Barbara und Christophorus zu Beschützern vor einem jähen Tod, d. h. ohne vorherigen Empfang der Sterbesakramente. Artilleristen und Bergleute, die besonders gefahrvollen Berufe, wählten Barbara zu ihrer Patronin, Reisende (heute: Autofahrer) ebenso den hl. Christophorus. Zahllose Darstellungen waren die Folge, und ihre Vielzahl ist es wohl, die im Volksglauben die Meinung begründete, der heilige Riese schütze denjenigen, der ihn an demselben Tag sah, also vor seinem Bilde ein Gebet sprach. Das besagt der lateinische Text unter dem Holzschnitt

Abb. 5. Hl. Christophorus. Einblattholzschnitt (1423) aus Buxheim.
Manchester, John Rylands Library.

von 1423 aus der schwäbischen Kartause Buxheim (Abb. 5). Das Bild illustriert die Legende. Rechts ist vor seiner Klause der Eremit zu sehen, der dem Heiligen riet, die Pilger durch den reißenden Fluß zu tragen, und der nun mit einer Laterne leuchtet, weil Christophorus ruhte, als das Christkind nach ihm rief – das deutete man als einen Hinweis auf die nächtliche Stunde. Daß der Stab, auf den sich der Heilige stützt, bereits Palmblätter und Früchte trägt, weist – wie in vielen Bildern üblich – bereits auf das Wunder am nächsten Morgen voraus. Eine freie, d. h. nicht durch die Legende motivierte Zutat sind die Wassermühle, der Esel und der Müller, der einen Sack in sein Haus schleppt. In der Komposition des Bildes Gegenstücke zu dem Eremiten und der Klause, bedeuten sie ikonographisch nichts anderes als Zeichen für das Flußufer, ebenso wie der Fisch das Wasser, ein Häschen das Land kennzeichnen. Auf Gemälden, Holzschnitten und Kupferstichen wird gelegentlich sogar eine weite Landschaft mit Uferstädten und Schiffen hinzugefügt. – Kein anderer Heiliger wurde so häufig allein dargestellt und – nach der Erfindung des Bilddrucks – in Holzschnitten und Kupferstichen auch in den Wohnungen angebracht. Ein Verkündigungsbild aus der Werkstatt des Meisters von Flémalle (= Robert Campin, † 1444) zeigt uns den Gebrauch: Mit Siegellack ist der kolorierte Holzschnitt auf den Sturz der aus Stein skulptierten Kamineinfassung geklebt zwischen zwei Kerzenleuchtern auf Schwenkarmen – also an der hervorragenden Stelle des Hauses (Brüssel, Kgl. Musea voor Schone Kunsten; dagegen nicht auf dem Vorbild, dem Merode-Altar in New York).

Diese sog. Kleinen Andachtsbilder (vgl. V, 27) wären kaum so volkstümlich geworden, wenn nicht der Glaube an die besondere Kraft des Heiligen vorher schon seine Darstellung in den Kirchen – häufig in unübersehbarer Riesengröße – gefordert und gefördert hätte. Diese Bilder entstanden seit dem 12. Jh. im Südalpengebiet (z. B. um 1145 außen an der Burgkapelle von Hocheppan) und stellten zunächst den Menschen dar, der den kindhaft klein gebildeten Herrn vor dem Herzen trägt – als Illustration des Namens *Christophorus* = Christusträger. Diese Gemälde reichen demnach in die Zeit v o r dem Aufzeichnen der Legende durch Jacobus de Voragine zurück. Der Volksglaube, der die Legende bestimmte, heftete sich an solche Darstellungen des Riesen, so daß letztlich sie die Ursache dafür sind, daß seine Legende so reich ausgeschmückt wurde und die jüngeren Darstellungen, wie der Buxheimer Christophorus mit der präzis angegebenen Verheißung, die Volksfrömmigkeit erneut anregte. Dieser Wechselwirkung verdankt die Ikonographie ein Beträchtliches. Ohne diese Erfahrung wären wir unfähig, die riesigen Wandbilder und Statuen des Heiligen in vielen deutschen Kirchen des Mittelalters recht zu würdigen, die – um ihren Zweck zu erfüllen – meist in der Nähe des Haupteingangs angebracht sind (z. B. Gemälde im Dom zu Augsburg, Figuren in den Domen zu Köln und Schleswig).

Benker, Gertrud: Christophorus, Patron der Schiffer, Fuhrleute und Kraftfahrer. Legende, Verehrung, Symbole. München 1975.

13. Heiligenattribute

Seit dem 14. Jh. zählte man Christophorus zu den Vierzehn Nothelfern, denen z. B. Vierzehnheiligen geweiht ist. Dieser offiziell nie genau festgelegten Heiligengruppe gehören u. a. auch Barbara, Katharina und Margareta an, von denen ein Merkvers die Attribute aufzählt, an denen man sie erkennt:

Barbara mit dem Turm,
Margareta mit dem Wurm,
Katharina mit dem Radl,
das sind die heiligen drei Madl.

Der Vers bezeugt ihre Volkstümlichkeit und zugleich die Notwendigkeit, in einer weitgehend schriftlosen Zeit die Heiligen durch individuelle Attribute zu kennzeichnen. Die generellen Attribute einer heiligen Jungfrau und Märtyrerin gebühren allen dreien, nämlich Heiligenschein, Märtyrerkrone, Palmzweig, häufig auch das Buch des Neuen Testaments als Zeichen ihres Bekenntnisses. Die individuellen Attribute werden durch die Legenden zumeist als die Werkzeuge des Martyriums erklärt. Da Katharina zuerst gerädert und dann enthauptet wurde, führt sie abwechselnd Rad und Schwert, gelegentlich auch beide zugleich. Margaretas „Wurm“ ist ein Drache, den sie bezwang, Barbaras Turm war ihr Gefängnis. In der *Legenda aurea* steht ihre Geschichte ausführlich. Kurzfassungen finden sich in den eingangs (I, 2) genannten Heiligenlexika.

Die Apostel, als die wichtigste Gruppe der Heiligen, tragen in der Regel einen Mantel über der langen Tunika. Als generelles Attribut haben sie das Buch des Neuen Testaments in der einen Hand, in der anderen zumeist eines ihrer individuellen Attribute: Petrus: ein oder zwei gekreuzte Schlüssel, dazu gestutzter „Schiffer“-Bart – Paulus: Schwert, dazu langer Bart – Andreas: Kreuz mit schrägstehenden Balken, dem sog. Andreaskreuz – Jakobus d. Ä.: Pilgerkleidung, Hut,

Muschel-Abzeichen, Wanderstab – Johannes: Giftkelch mit daraus entweichender Schlange, Segensgestus, jugendlich, bartlos (Abb. 4) – Thomas: Lanze, Winkelmaß – Jakobus d. J.: Walkerstange – Philippus: Stab mit Doppelkreuz – Bartholomäus: Messer, gelegentlich auch die ihm abgezogene Haut (Abb. 4) – Matthäus: Beil, Winkelmaß oder Meßstab – Simon: Säge – Judas Thaddäus: Hellebarde oder Keule – Matthias: Beil oder Lanze.

Manche Figur gibt Rätsel auf, nicht nur, weil etwa ihr Attribut verlorenging, sondern auch, weil mehrere Attribute, die ein Heiliger führt, leicht Verwechslungen hervorrufen bzw. mehrere Heilige ähnliche oder gleiche Attribute haben. Es ist deshalb nötig, auch auf Tracht, Gesichtstyp u. ä. m. zu achten.

Um einen solchen Fall handelt es sich bei einer 61 cm hohen Figur (Taf. 6) im Kloster Wienhausen (von dem in Kapitel V noch ausführlich die Rede sein wird). Der Heilige in der liturgischen Gewandung eines Priesters (Kasel, Alba und Amikt) trägt einen Kelch in seiner rechten Hand, das Evangelium in seiner Linken. Der Kelch zeichnet gewöhnlich den Apostel Johannes aus, allerdings in der Weise, daß der Apostel mit seiner rechten Hand das Kreuzeszeichen über dem Kelch macht (Abb. 4), um daraus das Gift zu vertreiben, denn er ist der Giftbecher, mit dem man ihn zu töten suchte; und eine kleine Schlange kriecht daraus hervor zum Zeichen, daß das Gift unschädlich wurde. Außerdem trägt Johannes nicht die Tracht eines Priesters, sondern den Mantel, der die Apostel auszeichnet. – Neben dem Kelch hat die Figur in Wienhausen ein zweites individuelles Attribut, nämlich Wunden auf Brust und Rücken, wobei in der Brustwunde ehedem die Spitze eines Schwertes oder einer Lanze zu sehen war. Als er am Altar kniete, wurde der Apostel Matthäus von hinten mit einem Schwert durchbohrt (dargestellt z. B. auf einer Prozessionsfahne vom Anfang des 15. Jh. in Kloster Lüne bei Lüneburg, vgl. Braun, Tracht und Attribute, Abb. 280), aber ihm fehlt der Kelch. Mit Schwert oder Lanze von hinten erstochen wurde auch der Apostel Thomas. Einen Kelch erwähnen die Heiligenlexika zwar nicht, doch schließt die Erzählung auf dem für Wienhausen gestickten Thomasteppich mit dem Begräbnis des Apostels und seiner Auferstehung, um den Gläubigen das Brot zu spenden als Priester am Altar. Das rechtfertigt die priesterliche Gewandung der Figur, die also den Apostel Thomas darstellt. Vgl. auch den Holzschnitt von Lucas Cranach d. Ä. (Abb. 6). Der Mystiker Hermann von Fritzlar schrieb in seinem deutschen Legendenbuch, einem weniger bekannten Gegenstück zur *Legenda aurea*, 1343–49, am Schluß der Thomas-Legende: „An dem heiligen oster-

Abb. 6. Lucas Cranach d. Ä.: Martyrium des Apostels Thomas.
Holzschnitt (um 1512).

tage gibet sente Thomas selber mit sîner hant den lûten gotis lîcham." Als *Leichnam* wurde der Leib des Herrn bezeichnet, heute noch geläufig in dem Namen des Festes *Fronleichnam*, zu dessen prunkvoller Ausgestaltung die feierliche Prozession mit der geweihten Hostie als dem Leib des Herrn gehörte. Hermann von Fritzlar gibt damit den Hinweis, die weitere Vorgeschichte der Thomasfigur mit dem Kelch in der sakramentalen Verehrung des Fronleichnams zu suchen. Die Heiligenlegende wird in einem höheren Sinne durchsichtig, da sie den Blick auf die sakramentale Gegenwart des Herrn freigibt. Ausgerechnet Thomas der Zweifler, wie wir ihn aus dem Johannes-Evangelium (20, 25) kennen, war ausersehen, als mystischer Spender des Sakraments über seinen Tod hinaus weiterzuwirken.

Appuhn, Horst: Der Auferstandene und das Heilige Blut zu Wienhausen. Über Kult und Kunst im späten Mittelalter. In: Niederdeutsche Beiträge zur Kunstgeschichte I (1961), S. 90 f.

14. Die Heiligen als Patrone

Von Barbara und Christophorus war schon die Rede als den Patronen gefahrvoller Berufe, weil sie vor einem unvorbereiteten Tod schützen. Kirchen, Klöster und Städte wählten besonders gern die heiligen Ritter zu ihren Schutzpatronen, denn diese erschienen gerüstet und führten Waffen. Der hl. Reinold z. B. habe seine Stadt Dortmund beschützt, als sie 1373 von Graf Wilhelm von Berg zum ersten Mal mit Geschützen belagert wurde, indem er mit seinem Schwert die Kugeln zurückschlug, so daß sie keinerlei Schaden anrichteten! Diese Sage heftet sich an die überlebensgroße Figur des Heiligen vom Anfang des 14. Jh., die sich heute noch in der Hauptpfarrkirche der Stadt befindet (Taf. 7). Bekannter sind die Ritterheiligen Florian (in St. Florian bei Linz a. d. Donau), Mauritius (im Dom zu Magdeburg) und vor allem St. Georg (niederdeutsch: St. Jürgen), der zu den Nothelfern zählt. Die jüngere Fassung seiner Legende, die Jacobus de Voragine überliefert, beschreibt seinen Kampf gegen den tyrannischen Drachen – das Sinnbild des Bösen schlechthin, die Allegorie des Teufels. Dessen Überwindung ist eines der Hauptthemen aller allegorischen Darstellungen im späten Mittelalter. Die monumentale St. Jürgen-Gruppe in der Großen Kirche von Stockholm schuf Bernt Notke aus Lübeck 1483–89. Ihr Stifter, der schwedische Reichsverweser Sten Sture, erfüllte damit ein Gelöbnis, denn St. Jürgens Hilfe schrieb er den Sieg am Brunkeberge vor den Toren Stockholms zu, durch den er Schweden von der dänischen Vorherrschaft befreite. Die gewaltige Figur ist also ein Siegesdenkmal. Sie stand ursprünglich mitten in der Kirche vor dem Choraufgang an der Stelle des Kreuzaltars. Der aus Holz gefertigte Sockel bildete einen Kapellenraum, in dem Sten Sture nach seinem Tode beigesetzt werden konnte.

Diese beiden Beispiele von Heiligen als Helfern in der Schlacht erinnern nachdrücklich daran, wie sehr die Welt der Heiligen in den Alltag der Menschen hineinwirkte, so daß dem Heiligenbild sogar eine politische Funktion zukam. Die Standbilder der Ritter bekräftigen den erflehten Beistand in allen Nöten, also auch im Kampf um Recht und Freiheit. Aus dieser Anschauung müssen wir uns das Aufstellen von Rolandfiguren in nord- und ostdeutschen Städten seit dem 14. Jh. erklären; berühmtes Beispiel der Roland von 1404 auf dem Markt zu Bremen mit der Inschrift am Schilde:

vryheit do ick ju openbar
de Karl und mennich vorst vorwar
desser stede ghegheven hat,
des danket Gode, is min radt.

Ich vermute in dem hl. Reinold von Dortmund (Taf. 7), der den Rolanden in der ritterlichen Tracht und der Gebärde des erhobenen bloßen Schwertes gleicht, ihr Vorbild. Keiner der heiligen Ritter steht dem Bremer Roland so nahe wie dieser. Die Städte, die wie Bremen ihre Freiheit von dem Bischof als Stadtherrn erkämpften, ahmten Dortmund nach, das von Anfang an seine Reichsfreiheit behauptete, aber sie konnten doch nicht einfach dessen Stadtpatron übernehmen; deshalb wurde die Imitation umbenannt in den ähnlich klingenden Namen *Roland*. Und damit bezog man sich auf den Helden aus dem Sagenkreis um den hl. Kaiser Karl, den das Mittelalter als Stifter des Rechts verehrte. So erhielt ein Held das Amt eines Beschützers der Stadt zugewiesen, der nicht zu den Heiligen zählt, aber durch das *Rolandslied* und den Bezug auf Karl den Großen nicht weniger populär war. Im Kampf mit der Bürgerschaft ließ der Erzbischof von Bremen den ersten Roland in Bremen 1366 zerstören, der Graf von Holstein 1375 denjenigen von Hamburg. Aus dem heiligen Ritter war ein Zeichen der Freiheit geworden, ein *signum libertatis,* wie es in den Quellen heißt.

Lejeune, Rita, und Jacques Stiennon: Die Rolandssage in der mittelalterlichen Kunst. 2 Bde. Brüssel 1966.

Appuhn, Horst: Reinold, der Roland von Dortmund. Ein kunstgeschichtlicher Versuch über die Entstehung der Rolande. In: Beiträge zur Kunst

des Mittelalters. Festschrift für Hans Wentzel zum 60. Geburtstag. Berlin 1975, S. 1–10.
Paatz, Walter: Bernt Notke und sein Kreis. Berlin 1939.

Die Lexika verzeichnen die allgemeinen Patronate der Heiligen, wie z. B. Florian als Schützer gegen Feuersgefahr. Im Bilde löscht er aus einem Kübel, weil seine Legende von dem Löschen einer Feuersbrunst durch das Gebet berichtet. – Von Eligius weiß man, daß er Gold- und Hufschmied gewesen ist. Also wählten diese Berufe ihn zu ihrem Patron. Kosmas und Damian gelten ihrer Legende wegen als Patrone der Ärzte und Apotheker. Die Maler und Bildhauer hatten in dem Evangelisten Lukas ihr Vorbild, denn dieser soll Maria mit dem Kind porträtiert haben (VI, 36). Die Künstler reservierten sich den malenden Evangelisten, so daß man aus einer Lukas-Tafel des Spätmittelalters fast mit Gewißheit auf die Stiftung durch eine Lukas-(Maler-)Gilde schließen kann, z. B. in Lübeck (1484) und Hamburg (1499).

Über den hier nicht berücksichtigten historischen Aspekt der Patrozinien vgl.:
Zimmermann, Gerd: Patrozinienwahl und Frömmigkeitswandel im Mittelalter. Dargestellt an Beispielen aus dem alten Bistum Würzburg (Diss. phil. Würzburg 1951). In: Würzburger Diözesan-Geschichtsblätter 20/21 (1958/59).

Da der Kalender nach den Namen der Heiligen gezählt wurde, bestimmte ein Heiligenname jeden Tag des Jahres. Also kannte jedermann seinen Geburtstags- oder Namenspatron.

Viele Altarbilder zeigen die Wirkungsweise der persönlichen Patrone: Der Heilige tritt neben oder hinter den Stifter und legt ihm die Hand auf den Kopf oder die Schulter zum Zeichen des Gewährens von Segen und Schutz. Der Stifter – häufig mit seiner ganzen Familie – kniet vor Maria und dem Christuskind, das durch den Segensgestus deutlich macht, daß es die Fürsprache des Heiligen annimmt. Das ist die Form des großen spätmittelalterlichen Andachtsbildes. Eine besonders innige Sonderform bilden die Schutzmantelfiguren der Muttergottes, die alle Menschen, meist nach weltlichen und geistlichen Ständen wohlgeordnet, schützend mit ihrem Mantel umfängt. Gelegentlich sieht man, wie an dem Mantel Pfeile abprallen – Zeichen für die Pest, die Gott im Zorn sendet. Auch für einzelne Heilige, wie z. B. St. Ursula in Köln, wurde das Schutzmantelmotiv angewandt. Im Rechtsleben des Mittelalters war es ein bekannter Brauch.

IV. DAS BILD DER WELT

Unter dem „Bild der Welt" würde man heute eine Ansicht der Erde und der Gestirne verstehen, wie sie etwa die Astronauten vom Mond aus erfuhren. Was derselbe Titel im Mittelalter bedeutete, hat mit unserem Begriff so wenig gemein, daß wir gut daran tun, die uns erkennbar gewordene Realität vollkommen aus dem Spiel zu lassen. Statt dessen handelt es sich um Theologie: Die Welt als Schöpfung Gottes, der Mensch darin als Gottes Ebenbild. Diese Theologie umgreift alles. Selbst profane Themen haben darin Platz und dürfen nicht in einem Gegensatz zu den geistlichen gesehen werden; ja man sollte auf jeden Versuch einer Trennung verzichten. Im Mittelalter wurde alles eingebunden in das theologische Bild der Welt, denn ein anderes gab es nicht.

15. Deesis und Majestas Domini

„Am Anfang schuf Gott Himmel und Erde ..." Die Schöpfungsgeschichte der Genesis beschreibt den Beginn, das letzte Buch der Bibel, die Apokalypse, das Ende der Welt durch das Jüngste Gericht. Kein Wunder, daß in Bilder-Bibeln – nächst den Evangelien – diese beiden Bücher mit den meisten Illustrationen bedacht worden sind. Aus diesem Zusammenhang wurden einzelne Darstellungen gelöst und zu selbständigen Themen: Die Schau des apokalyptischen Weibes durch Johannes begründet die Darstellung Mariens *in der Sonne.* Diese vom Ende des Mittelalters bis ins späte Barock beliebteste Form des Marienbildes folgt aus der Vision des Johannes, weil man sie auf Maria bezog (Apk 12, 1), vgl. z. B. Dürers Titelbild zu seiner Apokalypse.

Das Jüngste Gericht, das Brüggemanns Altar bekrönt (Taf. 1), beruht auf den Vorstellungen der Apokalypse, doch es illustriert keine einzelne Szene. Die Hauptgruppe des auf dem Regenbogen im Jüngsten Gericht thronenden Herrn, den Maria und Johannes der Täufer (!) für die sündige Menschheit um Vergebung bitten, die sog. *Deesis,* geht vielmehr auf ein altchristliches Schema der *Adoratio Christi* zurück und ist seit dem 10. Jh. in byzantinischer Kleinkunst als Devotionsbild häufig zu finden. Im Abendland verstand man die

Deesis als eine andere Version der *Majestas Domini* und stellte sie wie diese in Apsiden, Tympana und Antependien dar bzw. kombinierte auch beide miteinander (wie z. B. in der Hauptapsis-Malerei des Patrokli-Münsters in Soest, 1116, wo Maria und Johannes neben dem in der Regenbogen-Mandorla thronenden Herrn standen, den die Evangelistensymbole umrahmten; 1945 zerstört). Aus gleichem Verständnis ergibt sich die Austauschbarkeit der Motive bzw. die Möglichkeit, zwischen beiden zu wählen. Da die Evangelistensymbole, die die Majestas Domini wie Attribute kennzeichnen, ebenfalls in der Apokalypse (Apk 4, 7–9) beschrieben werden, darf man auch diesen Typus als ein – symbolisches – Bild des Jüngsten Gerichts betrachten, freilich mit einem anderen Akzent. Luther übersetzte *Majestas Domini* mit *Herrlichkeit Gottes* (Apk 15, 8), und diese schließt seine Herrschaft ein: Wer herrscht, ist zugleich der Richter, wie ihn das 4. Kapitel der Apokalypse beschreibt.

Der thronende Herr zwischen den vier Tieren ist in den frühchristlichen Apsis-Mosaiken (z. B. in S. Pudenziana in Rom) heute noch zu sehen. Die karolingische Buchmalerei der Schule von Tours führte den Typus ein, der auch auf Antependien und Tympana bis ins Hochmittelalter geläufig blieb: In den Ecken des rahmenden Rechtecks stehen oben Mensch (= Matthäus) und Adler (= Johannes), unten Löwe (= Markus) und Stier (= Lukas). Ihre Reihenfolge läuft dem Uhrzeiger also entgegen. Taf. 10 b bildet den (hochgestellten) Deckel eines Kastens ab, worauf der Herr in der Mandelglorie in Flachrelief geschnitten und farbig gefaßt ist, während die Symbole der Evangelisten als goldfarbene Hinterglasmalerei (sog. *Eglomisé,* vgl. RDK IV) in die vier Ecken eingelassen wurden. Diese ähneln Limousiner Emails, so daß man zunächst an eine Imitation dachte; doch die Gläser erwiesen sich als Brillengläser von derselben Art wie in den im Nonnenchor zu Wienhausen gefundenen ältesten Brillen. Und das scheint nicht ohne Sinn, beschreibt doch Johannes die Tiere *voller Augen* (Apk 4, 8). Außerdem fällt auf, daß im Gegensatz zu den drei anderen Tieren dem Löwen der Glorienschein fehlt. Dadurch ähnelt er dem Löwenwappen der Herzöge von Braunschweig-Lüneburg, den Landesherren der Stadt Lüneburg, aus deren Rathaus das Kästchen stammt. – Auf die Innenseite des Deckels ist die Kreuzigung Christi gemalt, ebenfalls in Mandelglorie und mit den Evangelistensymbolen in den Ecken. An den Wänden erscheinen in vergoldeten, durchbrochenen Zinnreliefs die Kämpfe von Rittern und Soldaten. Solche Ausstattung – wie ein kleiner Schrein – kennt man von den silbernen Einbänden der Evangeliare, und es scheint so, als habe auch dieser Kasten als Schrein für ein Buch gedient, vielleicht für die 1331 abgeschlossene erste Sammlung der von den Herzögen erteilten Privilegien, die den Bürgern Lüneburgs ihre Freiheiten gewährten.

APPUHN, Horst: Der Buchkasten aus dem Rathaus zu Lüneburg. In: Lüneburger Blätter 14 (1963), S. 5–32.

STEENBOCK, Frauke: Der kirchliche Prachteinband im frühen Mittelalter von den Anfängen bis zum Beginn der Gotik. Berlin 1965.

Es fällt auf, daß dieser Kasten, der auf Außen- und Innenseite des Deckels die entscheidenden Darstellungen Christi trägt, nicht in einer Kirche, sondern im Rathaus aufbewahrt worden ist, genauer: im Geheimen Gemach, der sog. Körkammer. Davor, im Sitzungssaal des Rates (in Lüneburg irrtümlich *Gerichtslaube* genannt), befindet sich an der Stirnwand sogar ein fast 8 m breites Gemälde aus dem 1. Viertel des 16. Jh. mit der *Deesis,* der sich Salomo und Moses hinzugesellen, die Gesetzgeber und Richter des Alten Testaments. Und dieses ist kein Einzelfall. Troescher verzeichnet nicht weniger als 122 Weltgerichtsbilder in Rathäusern und Gerichtsstätten! Die Eingangsminiatur im *Roten Stadtbuch* von 1301 in Hamburg ist das älteste erhaltene Beispiel. Diesen längst vergessenen Brauch erklärt die Glosse zum Sächsischen Weichbildrecht (14. Jh.), wie es ein Bericht aus Hamburg *von dem Ort, da die öffentlichen Verlassungen geschehen,* also der Ratsstube, noch 1703 beschreibt:

Oben an der Wand, da die vier Herren Bürgermeister sitzen, ist das Jüngste Gericht sehr künstlich angemahlet. Und dieses rühret noch her von dem Sachsen-Rechte; wie zu sehen aus der Gloss. Sächsischen Weichbildes ad art. 16. Die Worte der Gloss. lauten davon also: „Wo der Richter richtet, an derselben statt, und in derselben Stunde, so sitzet Gott in seinem Göttlichen Gerichte, über dem Richter, und über die Schöppen, und darum soll ein jeder Richter in dem Rath-Hauß lassen mahlen das streng Gericht unseres Herrn Jesu Christi. . . . Unter dem Jüngsten Gerichte stehet das Gemählte unseres Herren Christi in der Mitten der zwölf Apostelen. Gantz niedrig hinter dem Sitz der Herren Bürgermeister stehet ebenfals das Gemählte Christi in der Hand haltende ein offenes Buch, worin folgende Lateinische Worte geschrieben stehen: . . . Das ist: Richtet recht ihr Menschen-Kinder, und haltet ein rechtes Gerichte, vertheidiget die Wittibe, helffet dem Unterdrückten, schaffet Recht dem Armen und Weisen. Sehet zu, was ihr thut, denn ihr haltet nicht das Gerichte den Menschen, sondern dem Herrn, und was ihr auch richtet, daß wird auff euch kommen. Lasset die Furcht des Herren bey euch seyn, und thut alles mit Fleiß; denn bey Gott ist kein Unrecht, noch Ansehen der Persohn. Diese Worte sind genommen aus dem 82. Psalm, V. 3 und dem 2. Buch der Chron. cap. 19. V. 6, 7.

Da das weltliche Gericht erst seit dem Spätmittelalter in den Rathäusern tagte (in Wesel, wo Derick Baegert seine bekannte Gerichtsdarstellung malte, 1493), geht man nicht fehl, die Vorbilder dieser Darstellungen an den Stätten zu suchen, an denen die Gerichte sich vorher versammelten, nämlich vor den Hauptportalen bzw. in den Paradiesen der zentralen Kirchen, z. B. im Paradies des Doms zu Münster oder vor dem Südportal des Straßburger Münsters. In den Ortsgeschichten haben sich davon genügend Nachrichten erhalten. H. G. Evers wies darauf hin, daß die Hauptportale keineswegs nur als Eingänge zur Kirche angesehen werden dürfen, sondern als ein architektonischer Ort, der den (wie wir sagen) staatlichen Bereich mit dem kirchlichen verknüpft. Ein Paradies, wie das des Doms zu Münster, erhält erst durch die offizielle Handlung, die darin stattfand, seinen Sinn. Der Figurenschmuck der Portale mit dem Weltenrichter bezieht sich offensichtlich darauf.

Tür und Tor, Pfosten und Schwelle bildeten schon in vorchristlicher Zeit für alle Rechtshandlungen bevorzugte Orte. Ihre Symbolik drängte zu bildlicher Verwirklichung. Masken oder Löwen, die das Gewände tragen, wehren den bösen Eindringlingen ab, werden zu Zeichen des Gerichts, das vor ihnen tagt, oder zu einem *Mund der Wahrheit,* der die Hand desjenigen beißt, der lügt, wie die *Bocca della verità* von S. Maria in Cosmedin in Rom. Löwenköpfe an den Türflügeln gab es schon im griechischen Altertum. Im Mittelalter erhielten die Löwenköpfe und Türringe den Sinn eines Rechtssymbols, bei dem man schwört oder den Besitz überträgt. An der Kirchentür symbolisiert der Ring im Löwenrachen die Immunität des geweihten Ortes: Wer verfolgt wird und den Ring ergreift, soll einen so guten Frieden haben wie in der Kirche! Dieses sog. Asylrecht der Immunität wurde für so wichtig angesehen, daß z. B. in der Kathedrale von Durham ständig zwei Männer in der Nähe der Kirchentüre waren, um auch in der Nacht denjenigen einzulassen, der um Asyl bittend an die Kirchentür klopfte.

Troescher, Georg: Weltgerichtsbilder in Rathäusern und Gerichtsstätten. In: Wallraf-Richartz-Jahrbuch 11 (1939), S. 139–214.

Evers, Hans Gerhard: Tod, Macht und Raum als Bereiche der Architektur. München ^{2}1970, S. 176–183.

Erler, Adalbert: Das Straßburger Münster im Rechtsleben des Mittelalters. Frankfurt 1954 (Frankfurter wissenschaftliche Beiträge, rechts- und wirtschaftswissenschaftliche Reihe. Bd. 9).

Grimm, Jacob: Deutsche Rechtsaltertümer. I/II. Leipzig ^{4}1899, Nachdruck Darmstadt: WB 1974.

Hahnloser, Hans R.: Urkunden zur Bedeutung des Türrings. In: Festschrift für Erich Meyer zum 60. Geburtstag 29. X. 1957. Hamburg 1959, S. 125–146.

16. Das Chorgestühl

Das umfangreichste Chorgestühl Deutschlands im Dom zu Köln, das es durch sein Alter (1308–11), die Qualität der Schnitzerei und die Vielfalt seiner Themen ohne Frage verdient, an die Spitze aller erhaltenen Chorgestühle gestellt zu werden, eignet sich schlecht für den Versuch, seinen Sinn zu erkennen. Deshalb fehlt bis heute eine Darstellung seiner Ikonographie. Ich gehe statt dessen von dem reichsten spätgotischen Gestühl Westfalens in der ehemaligen Prämonstratenser-Stiftskirche Cappenberg aus, das 1509 und 1520 eine niederrheinische Werkstatt lieferte. Über ihm, in der Malerei des Vierungsgewölbes, erscheint der Herr zum Jüngsten Gericht, die Engel blasen, die Toten erstehen aus ihren Gräbern, die Seligen werden von Engeln in das Himmelstor geleitet, die Verdammten von Teufeln in den Rachen der Hölle. Das Gewölbe vertritt also den Himmel. Es wurde um dieselbe Zeit bemalt, in der das Gestühl entstand. Daher dürfen wir in dem Chorgestühl ein Bild der Erde suchen. Dem widerspricht nicht, daß an den entscheidenden Schlußwangen Christus, Maria, die Apostel, die Heiligen und die Stifter erscheinen – sie haben alle auf der Erde gelebt und sind die Sendboten Gottes in diese Welt.

An dem Baldachin, dem oberen Abschluß der Rückwand (Dorsale) auf der Nordseite, stehen keineswegs weitere Heilige, wie wir an der höchsten Stelle des Gestühls erwarten würden, sondern kleine Figuren, die sich sonderbar verrenken: *Moriskentänzer*. Diese merkwürdigen Gestalten, von Erasmus Grassers Figuren aus dem Rathaus in München wohl vertraut, aber auch von Kupferstichen des Israhel van Mekkenem in Bocholt am Niederrhein bekannt, tanzen um den Preis eines Apfels, den ein schönes Mädchen reichte (in Cappenberg leider gegen eine erneuerte Figur ausgewechselt), also ein keineswegs geistliches Frühlingsspiel. – Auf den mittleren Wangen der Vorderreihe gibt es „Fingerhakeln“ und „Stippeföttchen“ (von den Roten Funken im Kölner Karneval heute noch vorgeführt), andere spielerische Wettbewerbe (Taf. 8). Auch weniger friedliche Kämpfe zwischen Landsknechten mit langen Lanzen (in den Ornamenten des Dorsales) oder zwischen Aristoteles und Phyllis (Taf. 9 a) gehören dazu. Mag diese Sage bzw. diese Warnung vor der Weibermacht auch den Geistlichen zum Trost gesagt worden sein, die durch den Zölibat der Gefahr entgehen, von einer Frau unterjocht zu werden, seine Anbringung stellt sie mit vielen merkwürdigen Geschehnissen in eine Reihe, die ringsherum an den sog. *Miserikordien* abgebildet sind (jenen kleinen Stützen auf den Unterseiten der Klappsitze des Gestühls, eine *Barmherzigkeit* für den vom langen Stehen müden Geistlichen). Dicht daneben sieht man nämlich die Arche Noah; Abrahams Opfer; das Opfer von Kain und Abel; Kains Tod; Absalom am Baume hängend; Hieronymus und den Löwen; Jonas im Walfischrachen; einen wilden Mann mit Spieß und Tartsche; einen Mann, der sich an die Konsole klammert und – nach dem Prinzip: *Wie du mir, so ich dir* – dem Betrachter seine Rückseite zuwendet. Wahrhaftig ein buntes Gemisch nur schwer vereinbarer Elemente! Dennoch gehört jedes von ihnen zum Thema *Welt*. Aus ihr und ihren Vorstellungen ist die Predigt abgeleitet, die den großen Gestalten der Apostel (an den Wangen) damit in den Mund gelegt wird. Es sind die warnenden Beispiele aus dem Alten Testament, aus der antiken Geschichte, aus der Tierfabel. Es sind niederdeutsche und niederländische Redensarten, wie z. B. *gegen den Backofen gähnen* = gegen den Größeren aussichtslosen Widerstand leisten. Im 16. Jh. stellte Pieter Bruegel ein ganzes Verzeichnis sprichwörtlicher Redensarten in seinen Bildern vor und folgte damit spätmittelalterlichem Brauch. Derartige Themen kennt man von vielen Chorgestühlen am Niederrhein, in den Niederlanden, in Frankreich und England. Manch seltsames Motiv, wie z. B. die Meerjungfrau mit Rundspiegel und Kamm (als Symbol der Eitelkeit), taucht an vielen Chorgestühlen auf, weshalb man nach Abhängigkeiten sucht. Wahrscheinlich haben sich einige Tischlerwerkstätten auf derartige Gestühle spezialisiert, wie z. B. in Wesel, wo Heinrich Bernts 1505–08 das Chorgestühl für St. Nikolai in Kalkar schuf, und wo vermutlich auch das Cappenberger Gestühl entstand.

Viele Darstellungen lassen sich nicht eindeutig benennen, nämlich vergessene Redensarten und Sprüche, vor allem die vielen Fratzen, Masken, Kobolde, Affen, wilden Leute, Narren, Teufel, Drachen, kurz die mißgestalteten Monstren, die schon im 12. Jh. zum Ärger Bernhards von Clairvaux die Portale und Kapitelle der romanischen Kirchen bevölkerten, also die Ahnen der spätgotischen *Drolerien* (RDK IV). Man kann es sich einfach machen, und dies alles als drollige Ornamente ohne jeden Sinn betrachten und auf nähere Untersuchung verzichten, weshalb eine solche bisher auch fehlt. Doch zwischen all dem Ungetier stehen – unübersehbar – die ernsthaft mahnenden Vorwürfe, die ich die *Predigt der Apostel* nenne. Zwar nicht in Cappenberg, aber an dem gleichzeitigen Gestühl in Kalkar erscheint ein Engel, der die fleißig betenden Geistlichen aufschreibt, und ihm gegenüber ein Teufel, der dasselbe mit den säumigen oder schwatzhaften tut (ähnlich auch in Bonn). Nach Apk 20, 12 werden diese Zeugnisse am Jüngsten Tag vorgelegt. Diese Vorstellung einer Kontrolle durch den Teufel ging als ein beliebtes Exempel der Predigten in den volkstümlichen Sagenschatz ein, wo es noch dadurch ausgeschmückt wird, daß der Teufel statt des üblichen Pergaments (vom Schwein oder Kalb) eine um so viel größere Kuhhaut benützt, weil nur sie alle Sünden faßt. (Daher sagen wir noch heute: *Es geht auf keine Kuhhaut!*) Wenn Engel und Teufel aufpassen, wie sie ihren Dienst tun, wenn gar der Fuchs auf der Kanzel den Gänsen seine gleisnerische Predigt hält, sie sollten nicht stehlen – und dabei eine Gans unter der Kutte verborgen hat (Taf. 9 b), gibt es keinen Zweifel, an wen sich diese Predigt wendet. (Dieses aus Aesops Tierfabeln abgeleitete Bild vom listigen Fuchs, dem *Reineke* des niederdeutschen Epos von 1498, führte zu dem in ganz Europa bekannten Spruch: *Wenn der Fuchs predigt, hütet die Gänse!*)

Solch einer spöttischen Mahnung stehen die lustigen Kampfspiele gegenüber. Lustig ist auch bei ihnen nur das Äußere. In Wirklichkeit meinen sie den ernsthaften Kampf, den jeder Mensch gegen das Böse kämpft. Diesen Sinn wies Adolph Goldschmidt für die dekorativen Skulpturen romanischer Bauten in seiner Habilitationsschrift nach, in der er die Bilder des um das Jahr 1120 in der englischen Benediktiner-Abtei St. Albans geschriebenen Psalters untersuchte (heute in Hildesheim). Am Anfang von Psalm 1 steht über dem üblichen Bildnis Davids die Zeichnung zweier Ritter zu Pferde, die sich in heftigem Kampf die Lanzen gegenseitig durch die Brust gestoßen und abgebrochen haben, nun in neuem Anlauf aufeinander zureiten und mit dem Schwert weiterkämpfen (Abb. 7). Eine lange Erklärung (Glosse) sagt

Abb. 7. Ritter im Kampf. Vignette zu Psalm 1.
Psalter aus St. Albans (um 1120). Hildesheim.

dazu: „Der leibliche Kampf der beiden Krieger, den wir vor uns sehen, soll uns erinnern an den geistigen Kampf, den wir beständig gegen das Böse zu kämpfen haben. Was wir körperlich wahrnehmen, sollen wir geistig beherzigen." Das Bild ist Gleichnis. Die im Mittelalter geläufige Anschauung, was *corporaliter* gesehen wird, *spiritualiter* zu verstehen, weist den Weg, alle Kampfbilder der Chorgestühle ebenso zu deuten und in den vielen Drachen und Monstren eben die Personifikationen des Bösen zu erkennen, das es zu bekämpfen gilt.

von Tieschowitz, Bernhard: Das Chorgestühl des Kölner Doms. Berlin 1930.

Meurer, Heribert: Das Klever Chorgestühl und Arnt Beeldesnider. Düsseldorf 1970 (Die Kunstdenkmäler des Rheinlandes. Beiheft 15).

Halm, Philipp Maria: Erasmus Grasser. Augsburg 1928, Anhang II: Der Moriskentanz.

Remnant, G. B.: A catalogue of misericords in Great Britain. Oxford 1969.

Goldschmidt, Adolph: Der Albanipsalter in Hildesheim und seine Beziehung zur symbolischen Kirchensculptur des XII. Jahrhunderts. Berlin 1895.

Röhrich, Lutz: Lexikon der sprichwörtlichen Redensarten. 2 Bde. Freiburg–Basel–Wien 1973.

Fraenger, Wilhelm: Der Bauern-Bruegel und das deutsche Sprichwort. München–Leipzig 1923.

17. Weltkarte und Chorteppich

Der Ort des Chorgestühls wird in vielen Kirchen als *Unterer Chor, Vorchor* oder *chorus psallentium* bezeichnet und dadurch von dem Hohen Chor unterschieden, in dem sich der Hauptaltar erhebt. Im Chorgestühl versammelte sich der Konvent zu den Kanonischen Stunden; es war dadurch der Ort, an dem sich die Gemeinschaft der Mönche bzw. Kanoniker am längsten aufhielt. Durch Stehen, Knien und Sitzen in den Plätzen erlebten diese tagtäglich die praktische Funktion der Knäufe als Handhaben sowie der Klappsitze mit ihren Misericordien. Eine Teufelsfratze, die man anfaßt, eine Darstellung des Bösen, die man niederklappt, werden handgreiflich heruntergedrückt – und das war sicherlich symbolisch gemeint.

Hiervon hebt sich der Schmuck des Altars ab, der Gott selbst repräsentiert. Das Bild der Welt, das vor ihm im Hohen Chor ausgebreitet wurde, trägt zuweilen Züge, die an die Monstren des Chorgestühls erinnern, aber meistens stellt es den Zerrbildern ein ideales Bild der Welt gegenüber, wie es nicht die volkstümliche Überlieferung, sondern Philosophie und Literatur zeichnen. In einer repräsentativen Pfarrkirche, dem Münster der Reichsstadt Ulm, hat Jörg Syrlin mit dem berühmten Zyklus der Sibyllen und Propheten dieses Programm in

Form von Büsten auf den Wangen des Chorgestühls dargestellt (1469 bis 1474). Es würde zu weit führen, wollte ich dieses herrliche Gestühl beschreiben – Wilhelm Vöge schrieb über seine Ikonographie ein ganzes Buch, in dem die Sibyllen als die Verkünderinnen des kommenden Christus (wie die in Kap. II, 6 erwähnte Tiburtinische Sibylle) und die Weisen des Altertums ausführlich dargestellt werden.

Aus dem ehemaligen Frauenkloster Heiningen bei Goslar ist ein farbig gestickter Teppich erhalten, der zu den hohen Kirchenfesten im Chor ausgebreitet zu werden pflegte (1516 datiert, 4,77 × 4,77 m groß; Taf. 11). In seiner Mitte thront die personifizierte Philosophie, umgeben von *Theor(et)ica, Logica, Practica, Mechanica* und *Physica* als den Zweigen des philosophischen Studiums. In einem Arkadenring wechseln die Sieben Freien Künste mit sieben Vertretern aus dem Alten Testament als Beispielen der Tugenden, oben beginnend: *Musica, Samson (*für *Fortitudo), Astronomia, Daniel (*für *Sciencia), Aritmetica, Moses (*für *Pietas), Retorica, Job (*für *Timor), Gramatica, Salomo (*für *Sapiencia), Dialectica, David (*für *Intellectus), Geometria, Achitofel (*für *Consilium).* – Das doppelte Ringband, das sie umschließt, gibt eine Stelle aus dem Gedicht des Bernhard von Clairvaux an Rainald wieder. In den Ecken thronen Ovid, Boethius, Aristoteles und Horaz (die unteren auf dem Kopf stehend, weil der Teppich auf dem Fußboden liegend betrachtet wurde). – Die den Figuren zugeordneten Texte preisen die philosophischen Tugenden, weil sie zur Theologie führen. Die Rankenbordüre wird innen und außen von einer langen Inschrift eingefaßt, die den gesamten Konvent aufzählt, dessen Mitglieder sich an der Herstellung des Teppichs beteiligten.

Sowohl die Darstellung der thronenden Philosophie als auch die Komposition in der Form einer großen Rose gehen auf ehrwürdige Vorbilder zurück, nämlich auf den *Hortus deliciarum,* das Lehrbuch der gelehrten Äbtissin Herrad von Landsberg im Kloster St. Odilien im Elsaß aus der 2. Hälfte des 12. Jh. Das ist nicht erstaunlich, weil in der Stauferzeit die antike Philosophie in das Wissen der Zeit eingegliedert wurde, denn die Lehre der Alten Weisen bezog man auf Christus, die göttliche Weisheit. In Niedersachsen, der Heimat des Teppichs aus Heiningen, zeugen eigenartige Fragmente davon, nämlich die Reste eines Gipsfußbodens der St. Ludgeri-Kirche in Helmstedt (Abb. 8), der die Sieben Weisen des Altertums darstellt (Bias, Chilon, Kleobulos, Periander, Pittakos, Solon und Thales; um 1150), und die sechs erhaltenen Stücke des großen Knüpfteppichs in der Stiftskirche von Quedlinburg mit der in fünf Streifen dargestellten *Hochzeit von*

Abb. 8. Die Sieben Weisen des Altertums.
Fragment eines Gipsfußbodens (um 1150). Helmstedt, St. Ludgeri.

Merkur und Philologie nach dem Lehrgedicht des Martianus Capella. Dieses kostbare Werk hatte die Äbtissin Agnes von Meißen (1186 bis 1203) als Geschenk für Papst Innozenz III. bestimmt, wie die fragmentarisch erhaltenen Inschriften beweisen. Und es mag sein, daß man seinetwegen zu dem antiken Lehrstoff griff. Doch der Teppich blieb in Quedlinburg und wurde dort in der Stiftskirche an hohen Festtagen als Fußbodenteppich verwendet. – Ein gewirkter Wandteppich des thronenden Kaisers Karl im Dom zu Halberstadt – wahrscheinlich um 1200 ebenfalls in Quedlinburg entstanden – zeigt die Philosophen Cato und Seneca, ehemals wohl auch Plato und Aristoteles.

Solche Darstellungen, sowohl die Illustrationen als auch die Autorenbilder, gehen auf entsprechende mit Miniaturen geschmückte Bücher zurück, d. h. sie sind ohne deren Vorbild nicht denkbar. Damit ist auch hier der Zusammenhang mit der literarischen Form ebenso zwingend wie bei den Illustrationen der Bibel gegeben. Doch mit demselben Recht läßt sich die formale Tradition an anderen Denkmälern monumentaler Bildkunst weit zurückverfolgen, so die in Streifen gegliederte Erzählung über den Teppich von Bayeux (1066–77) bis zu frühchristlichen Mosaiken Roms; die rautenförmige Glorie, die Kaiser Karl umgibt, zu dem karolingischen Goldaltar von Mailand; die Kreiskomposition der Philosophie zum Rosenfenster der Kathedrale von Lausanne (gegen 1235), der Annus-Decke in Köln (2. Hälfte 10. Jh.) und zum Genesis-Teppich der Kathedrale von Gerona (11. Jh.), letztlich zu frühchristlichen Mosaikböden (ikonographisches Verzeichnis bei H. Kier). Wer die Zeichen beachtet, die solchen Kompositions-Schemata zugrunde liegen, wird auch in ihnen einen Sinn erspüren. Die darin dargestellten Themen machen ihn offenbar.

Weil man sich die Erde als eine kreisförmige Fläche vorstellte, bildete der Kreis seit der Antike das Grundmuster für alle Darstellungen des Erd*kreises*, wie wir noch heute sagen, für die Schöpfungsgeschichte (Gerona), den Kreislauf der Zeit (Annus-Decke in Köln, Rosenfenster in Lausanne), die ideale Welt, wie sie die Philosophie vertritt (Heiningen, Herrad von Landsberg). Für die Rose der Kathedrale von Lausanne (Abb. 9) wies Ellen J. Beer nach, „daß die erd-

Abb. 9. Themen des Rosenfensters der Kathedrale von Lausanne.

gebundene Vierzahl der Scholastiker nicht nur die äußere Form der Lausanner Quadratkomposition bestimmt, sondern auch ihren Inhalt: diese schrieb dem Baumeister wie dem Glasmaler die vier Elemente, Jahreszeiten, Paradiesflüsse, die acht Winde und acht Monstren vor, und endlich, mit der trinitarischen Drei verbunden, auch das heilige Dutzend der Monatsbilder und des Tierkreises. Der Mittelpunkt der Rose, der Jahresgott Annus, führt ihren Stammbaum in den enzyklopädischen Bilderkreis der Spätantike zurück. Seinen literarischen Quellen nachgehend, erwies Ellen Beer das viergliedrige Figurenbild als typisch scholastische Vereinigung frühchristlichen Lehrgutes mit den geometrischen Begriffsschemata illustrierter Handschriften, die bis ins 4. Jh. zurückreichen, und mit dem Figurenrad des hohen Mittelalters. Wenn bei der Lausanner Rose im Sinne der großen Universalsysteme des 13. Jh., der *Summae* und *Specula,* eine selten reiche Verschmelzung von Inhalt, Kompositionsschema und architektonischer Form erreicht worden ist, darf wohl an eine Zusammenarbeit von Scholastiker und Baumeister gedacht werden" (Hans R. Hahnloser in der Einleitung zu Ellen J. Beer).

Diesen bildlichen Symbolen und zeichenhaften Darstellungen des Erdkreises stehen frühe Radkarten zur Seite. Sie interessieren hier nicht als Denkmäler der Kartographie, sondern als Kunstwerke, denn sie sind mit Farben auf Pergament gemalt und repräsentieren über den in unserem Sinn erdkundlichen Inhalt hinaus auch Geschichte, Sage und Legende, weil die Hauptgeschehnisse eines Ortes durch Bild oder Schrift eingetragen wurden. Sie machen die Erde im mittelalterlich-theologischen Sinn anschaubar. Die größte dieser Karten stammte aus dem ehemaligen Benediktinerinnenkloster Ebstorf bei Lüneburg (Taf. 12). Das Original ging 1944 im Bombenkrieg verloren. Glücklicherweise hatte Ernst Sommerbrodt in Hannover 1891 einen Atlasband mit Lichtdrucktafeln herausgegeben, nach denen es möglich war, Rekonstruktionen neu zu malen. Diese wurden, wie das Original, aus 30 Pergamentblättern zusammengeheftet und sind insgesamt 3,58 × 3,56 m groß. Das Format entspricht den Fußbodenteppichen. Ich stelle mir vor, daß die Karte im Chor auch auf dem Fußboden ausgerollt worden ist, weil ihre winzigen Details die Nahsicht fordern. (An einer Wand aufgehängt, benötigte man zu deren Betrachtung eine Leiter!) Das Bild der Welt flachgelegt, wie man sich die Erde vorstellte, war der Kirche entsprechend orientiert. Oben ist Osten; dort erscheint das Haupt Christi: In der Kirche ist das die Richtung des Altars. Wenn die Karte so ausgelegt war, stimmten ihre Himmelsrichtungen mit der Wirklichkeit überein. Zu dem Haupt Christi gehören im Westen seine Füße und im Norden und Süden seine Hände. Sie erreichen den Rand des Erdkreises, aber umfassen ihn nicht. Das zeigt im Bilde, daß der ganze Erdkreis der Leib des Herrn ist. – Die Mitte nimmt, ausgezeichnet durch einen quadratischen Mauerring, die Stadt Jerusalem ein, in der Christus aus dem Grabe erstand. „Jerusalem ist der Nabel der Welt, die königliche Stadt, in der Mitte des Erdkreises gelegen“, wie Papst Urban II. in seiner Kreuzzugspredigt 1095 ausrief. Rand und Mitte der Karte kennzeichnen damit das theologische Weltbild der Zeit und rechtfertigen den repräsentativen Gebrauch der Karte in der Kirche analog den beschriebenen Teppichen. Daß daneben auch an den lehrhaften Zweck gedacht wurde – denn dem Kloster war selbstverständlich eine Schule angegliedert –, geht aus den zahlreichen, z. T. ausführlichen Beischriften hervor, die das Ganze auch zu einer Lesetafel machten. (Außerdem fällt auf, daß die Ecke links unten „abgetreten“ ist, dicht neben der Stelle, an der man Lüneburg und Ebstorf sieht!) Die Texte entstammen den geographischen Werken seit der Antike. Aber sie wurden nicht direkt benutzt, sondern einer Darstellung aus dem Beginn des 13. Jh. entnommen, den *Otia imperialia* (Kaiserliche Mußestunden) von Gervasius von Tilbury. Dieser weitgereiste Engländer war bald am englischen Königshof, bald beim Erzbischof Wilhelm von Reims, bald bei König Wilhelm II. in Sizilien, bald am burgundischen Hof in Arles jedesmal in hervorragender Stellung tätig und schloß sich schließlich dem deutschen König Otto IV., dem Sohn Heinrichs des Löwen, an. Die *Otia imperialia,* anfänglich *Solacium imperatoris* (Kaisertrost) genannt, widmete Gervasius seinem letzten Herrn, vermutlich nachdem dieser durch die Schlacht von Bouvines 1214 seine Herrschaft verlor und sich auf die Harzburg zurückziehen mußte, wo er 1218 starb. Zum Trost sollte sich Kaiser Otto an den Wissenschaften erfreuen und, statt weiter nach weltlichem Ruhm zu streben, die Tröstungen der Kirche finden. – Die Karte ist nicht eine Illustration dieses Werkes, sondern eine Einordnung von dessen Inhalt in das Bild der Welt, wie es von ähnlichen Radkarten vertraut war (z. B. in Hereford). Erregend wird diese Vorgeschichte der Karte dadurch, daß der in Deutschland seltene Name *Gervasius* in der Liste der Pröpste von Kloster Ebstorf auftaucht. Es liegt nahe anzunehmen, daß Gervasius von Tilbury durch Ottos Vermittlung diese Pfründe erhielt! Dann könnte ein Exemplar der *Otia imperialia* in der Bibliothek des Klosters im 14. Jh. zur Herstellung der Karte gedient haben. Wenn das zutrifft, haben die Nonnen von Ebstorf sie selbst gemalt.

Bisher hat man sich gescheut, eine solche Folgerung zu ziehen, weil man den Frauenklöstern insgesamt eine derartige wissenschaftliche Leistung nicht zutraute. Dem widersprechen die oben genannten hervorragenden Werke des 12. und 13. Jh. ebenso wie die im folgenden Kapitel aufgeführten. M. E. zwingen sie vielmehr dazu, die mittelalterliche Kunst seit dem 12. Jh. stärker unter dem Gesichtspunkt zu betrachten, was fromme Frauen zu ihren Erfindungen beitrugen. Die großen Dichterinnen Rosvita von Gandersheim, Hildegard von Bingen und die Mystikerinnen sind allgemein bekannt, auch die Lehrerin Herrad von Landsberg in St. Odilien. Daß in den Klöstern geschrieben, gemalt und gestickt wurde, belegen sowohl der Teppich aus Heiningen als auch der Osterteppich von 1504–07 aus Kloster Lüne bei Lüneburg (Taf. 13), auf dessen Rand eine lange Inschrift ebenfalls die Schwestern des Konvents als diejenigen bezeichnet, die den Teppich mit eigener Hand gestickt haben. Auch dieses Werk, das, wie sein Name sagt, nur zu Ostern ausgebreitet wurde (weil Kloster Lüne noch andere Festtagsteppiche besitzt, u. a. einen mit Sibyllen), umrahmt den auferstehenden Herrn mit den Zeichen der Zeit, nämlich der sieben Tage und zwölf Monate. Freilich sind die Tage = Sterne zu einem Zackenkranz und die Monate zu Mondgesichtern vereinfacht worden. Dazwischen musizieren Engel, und die Ranken der Bordüre enthalten viele Tiere als jubelnden Lobpreis der Auferstehung, wie es die Inschrift sagt. Der fröhliche Ton dieser Handarbeit aus farbig kontrastierenden Wollfäden kennzeichnet die monumentale Stickerei als ein Werk der Volkskunst. Er täuscht dennoch nicht darüber hinweg, daß die Darstellung des Auferstandenen als des Herrn der Zeit in der Tradition der großen Zentralkompositionen gesehen werden muß, die Welt und Zeit umfassen. Das Thema klingt noch in den Prunkuhren an, die über den Ringen der Sonnen- und Mondphasen die Tierkreiszeichen, die Evangelisten und den Herrn der Zeit nicht vergessen (Dom in Münster), auch die Weisen des Altertums als Vorbilder zitieren (St. Marien in Lübeck, 1407).

Im Rahmen dieser Einführung würde es zu weit führen, die antiken und frühchristlichen Schriftsteller aufzuzählen, die das Bild der Welt im Mittelalter bestimmt haben. Neuere Untersuchungen tragen viel zu unserer Kenntnis bei, aber machen auch deutlich, wie kompliziert dieses für alle Zeitalter aktuelle Thema zu sehen ist, weil der Fülle der – zum Teil illustrierten – Schriften doch nur wenige selbständige Darstellungen gegenüberstehen. „Die Überlieferung des Wissens und Denkens zwischen Antike und Mittelalter vermittelte Isidor von Sevilla in seinen Vorstellungen über die Welt. Isidor, geb. um 560, um 600 Nachfolger seines Bruders Leander als Erzbischof von Sevilla, gest. 633, ein bedeutender Kirchenlehrer, verfaßte die sog. *Etymologiae* oder *Etymologiarum sive originum libri XX*. Außerdem widmete er zwischen 612 und 620 die oft in Verbindung mit den *Etymologiae* abgeschriebene Abhandlung *de natura rerum* (von der Natur der Dinge) dem Westgotenkönig Sisebut. Einige Kapitel dieses Werkes wurden mit Figurenschemata illustriert, deren Kenntnis zum Verständnis der mittelalterlichen Kunst und des Bildungswesens unerläßlich ist" (A. v. Euw).

Isidor, Von der Natur der Dinge, Kapitel 9:

Die Welt ist das All insgesamt. Sie besteht aus Himmel und Erde. Über sie sagt der Apostel Paulus: Denn die Gestalt dieser Welt vergeht (1 Kor 7, 31). Im übernatürlichen Sinne aber wird die Welt passenderweise als Mensch bezeichnet: Denn wie sie aus vier Elementen zusammengewachsen ist, so besteht er aus vier Säften (Temperamenten), und zwar in einem bestimmten gemischten Verhältnis. Deshalb haben die Alten den Menschen in einen Zusammenhang mit dem Bau der Welt gestellt, da ja auf griechisch die Welt Kosmos, der Mensch aber Mikrokosmos, das heißt, kleinere Welt, genannt wird, besonders da ja auch die Schrift (dem Begriff) Welt (den Begriff) Sünder nahelegt, von denen gesagt ist: Und die Welt erkannte ihn nicht (Jo 1, 10).

Diese Definition Isidors von der Welt, den vier Elementen, dem Menschen und seinen vier Temperamenten, vom Makrokosmos und Mikrokosmos gehörte seit der Karolingerzeit zum Bestandteil der Schulbildung. Die Handschriften vom 9. bis 12. Jh. aus Kloster- und Domschulbibliotheken sind Zeugen dafür.

Vöge, Wilhelm: Jörg Syrlin der Ältere und seine Bildwerke. II. Band. Stoffkreis und Gestaltung. Berlin 1950 (= Ikonographie des Ulmer Chorgestühls).

Beer, Ellen J.: Die Rose der Kathedrale von Lausanne und der Kosmologische Bilderkreis des Mittelalters. Bern 1952 (Berner Schriften zur Kunst. VI).

Kier, Hiltrud: Der mittelalterliche Schmuckfußboden unter besonderer Berücksichtigung des Rheinlandes. Düsseldorf 1970 (Die Kunstdenkmäler des Rheinlandes. Beiheft 14).

Kurth, Betty: Die deutschen Bildteppiche des Mittelalters. Bd. I–III. Wien 1926.

Schuette, Marie, und Sigrid Müller-Christensen: Das Stickereiwerk. Tübingen 1963.

Rosien, Walter: Die Ebstorfer Weltkarte. Hannover 1952 (Niedersächsisches Amt für Landesplanung und Statistik. Reihe A II, Bd. 19).

Schuette, Marie: Gestickte Bildteppiche und Decken des Mittelalters. Bd. I. Die Klöster Wienhausen und Lüne, das Lüneburgische Museum. Leipzig 1927.

Wieschebrink, Theodor: Die Astronomische Uhr im Dom zu Münster. Münster 1968.

Frühmittelalterliche Studien. Jahrbuch des Instituts für Frühmittelalterforschung der Universität Münster. Hrsg. von Karl Hauck. Bd. 6. Berlin–New York 1972.

von Euw, Anton: Imago mundi. In: Monumenta Annonis. Köln und Siegburg, Weltbild und Kunst im hohen Mittelalter. Ausst. Köln 1975. Kat. S. 89–102.

Springer, Peter: Trinitas-Creator-Annus, Beiträge zur mittelalterlichen Trinitätsikonographie. In: Wallraf-Richartz-Jahrb. 38, 1976, S. 17–45.

18. Das Bild der Tierwelt

Auf der Bordüre des oben genannten Chorteppichs aus Kloster Lüne (Taf. 13) nimmt die Tierwelt an dem Fest der Auferstehung teil, das den Frühling ankündigt. In den Ecken des Bildfeldes befinden sich außerdem ein Adler, der sein Junges der Sonne entgegenträgt, damit es in die Sonne schaut, weil er daran seine wahre Nachkommenschaft erkennt; weiter ein Phönix, der sich verbrennt, um verjüngt aus der Asche aufzuerstehen; ein Pelikan, der sich die Brust aufreißt, um seine Jungen mit dem eigenen Blut zum Leben zu erwecken; sowie ein Löwe, der seine Jungen anhaucht, denn dadurch werden sie am dritten Tage nach ihrer Geburt lebendig. Alle vier Tiergeschichten sind Gleichnisse für Opfertod und Auferstehung des Herrn von den Toten. In vielen Predigten gebraucht, wurden sie von jedem Betrachter verstanden, obgleich ihnen gewiß keine naturwissenschaftliche Beobachtung zugrunde liegt. Aber der *Physiologus,* ein Volksbuch schon der Urchristenheit, benützt die Beschreibung der Tiere, um den Menschen zur Umkehr zu raten. Und dieses Ziel sicherte das Vertrauen in die Wahrhaftigkeit der Fabel. Eine besondere Rolle spielt darin der Hirsch, von dem es heißt,

> daß er gar feindlich sei dem Drachen. Wenn der Drache vor dem Hirsch flieht in die Spalten der Erde, geht der Hirsch hin und füllt sich die Höhle seines Bauches mit Quellwasser, und er speit es aus in die Spalten der Erde, und so bringt er den Drachen heraus und schlägt ihn nieder und tötet ihn.
>
> So hat auch unser Herr getötet den Drachen, den Teufel, durch die himmlischen Wasser, nämlich durch die göttlichen Heilslehren. Denn nicht vermag der Drache dem Wasser und nicht der Teufel dem göttlichen Wort standzuhalten.

Aus dieser Überlieferung heraus sind zentrale Darstellungen eines Hirsches als allegorische Bilder Christi zu verstehen, z. B. vergoldete Schmuckbleche aus gestanztem Silber (⌀ 5,7 cm), die in Kloster Lüne reihenweise auf einem Altarbehang des 15. Jh. aufgenäht sind (Abb. 10); auch die silbernen Schüsseln, um 1500, die aus dem Lüne-

Abb. 10. Schmuckblech (um 1500). Kloster Lüne vor Lüneburg.

burger Rathaus in das Kunstgewerbemuseum Berlin gelangten. In ihrer Mitte ruht ein Hirsch auf einer Blumenwiese, die von einem Zaun mit geschlossenem Tor eingefaßt wird, also ein *hortus conclusus,* gleichzeitig ein Sinnbild für die unbefleckte Empfängnis Mariens.

Daß der *Physiologus* ebenso den Löwen und den Adler, die Könige des Tierreichs, auf Christus bezieht, ist nicht erstaunlich. Wurden doch gerade sie in besonderem Maße Symbolfiguren auch der irdischen Herrscher, wodurch sie als die meistgebrauchten Tierfiguren der Heraldik im Mittelalter überall verbreitet waren; man denke an den Reichsadler – ursprünglich des staufischen Kaiserhauses – oder den welfischen Löwen, das Namenstier Heinrichs des Löwen, das dieser in seiner Burg Dankwarderode in Braunschweig 1166 als gewaltiges Bronzedenkmal aufrichten ließ.

In der mehrerwähnten Stick-Kunst der Nonnenklöster des späten Mittelalters gibt es manche lustig wirkende Nebenszene, etwa Osterhäschen, die aus ihrem Loch lugen, oder auch solche, die gerade hineinhüpfen. Für sich betrachtet scheinen sie nichts als eine liebenswerte Dekoration zu sein. Der *Physiologus* vergleicht den Hasen jedoch mit der menschlichen Seele, die von dem Teufel verfolgt wird. Und dieser Text des *Physiologus* verlieh dem Hasen die Würde, daß er an zentralen Stellen der Kirchengebäude angebracht werden konnte, ohne Rücksicht darauf, daß man ihn wegen seiner außerordentlichen Fruchtbarkeit für unkeusch hielt (vgl. Hasenfenster in Tübingen und im Domkreuzgang von Paderborn)!

Des Hasen hat David gedacht: Der Felsen ist den Hasen eine Zuflucht (Ps 104, 18). Der *Physiologus* sagt von ihm: Er ist ein guter Läufer. Wenn er gejagt wird, flieht er in felsiges und ansteigendes Gelände, und dann werden die Hunde samt dem Jäger müde und haben nicht Kraft, ihn zu erjagen, und so kommt er heil davon.

So auch du, Mensch, so du verfolgt wirst von den feindlichen Mächten samt dem Jäger, dem Teufel, der Tag für Tag darnach trachtet, dem Menschen nach dem Leben zu stellen: suche den Felsen und die Höhen, von welchen auch David sagt: Ich hebe meine Augen auf zu den Bergen, woher mir Hilfe kommen wird (Ps 121, 1).

Dieser Text verhalf dem rätselhaften Jagdfries der Stiftskirche in Königslutter (Taf. 14) zu einer Deutung. An diesem „Kaiserdom", den Kaiser Lothar von Supplinburg 1135 als seine Grabeskirche stiftete, befindet sich der Fries an der Außenseite der Hauptapsis in einem durch Lisenen in drei Abschnitte unterteilten Rundbogenfries unter der Sohlbank der Fenster. Sowohl an der Nord- wie an der Südseite leitet ein Jäger mit Horn den Fries ein. Auf der Nordseite schlagen Hunde einen Hasen, auf der Südseite einen Eber. Ein zweiter Hund auf der Südseite verfolgt offensichtlich den Hirsch, der auf der Ostseite dargestellt ist. Diesem kommt am anderen Ende desselben Abschnitts ein Jäger entgegen, der einen erlegten Hasen am Knüppel trägt. So stoßen in dem mittleren der drei Abschnitte zwei Jagden aufeinander. Das forderte an dieser Stelle eine Komposition, die beide Richtungen in sich aufnimmt, und ein neues Thema, das beide Jagden unterbricht. Wir würden vielleicht eine Verherrlichung der Jagd erwarten. Doch man sieht statt dessen das Gegenteil: zwei Hasen fesseln ihren Jäger. Wie konnte es dazu kommen?

Die beiden Jagden in Königslutter bedeuten verschiedenes. – Das Schwein galt schon im Alten Testament als unrein. Deswegen ist der Jäger, der es auf der Südseite mit seinen Hunden verfolgt, der Gute. Der Jäger der Nordseite muß umgekehrt der Böse sein, denn der *Physiologus* beschreibt ja am Beispiel des Hasen, wie sich der Mensch vor dem verfolgenden Jäger, dem Teufel, schützen kann. Hier jedoch, auf der dem finsteren Norden zugewandten Seite, triumphiert der Böse. Im mittleren Abschnitt sieht man ihn mit dem erlegten Hasen, dem Sinnbild der menschlichen Seele. Als Widerpart des Bösen erscheint gegenüber der Hirsch, der nach der Deutung des *Physiologus* wie Christus die Menschen vom Teufel befreit. Dank seiner Hilfe wird es in der Mitte den Hasen möglich, den bösen Jäger zu überwinden, indem sie ihn an Füßen und Händen knebeln.

Die merkwürdige Szene bildet den Höhepunkt der symbolischen

Bilderreihe und steht deshalb mit Recht in der Mitte der Apsis, genau hinter dem Altar, wo ein Triumphbild zu erwarten war. Daß der Jäger einmal ein guter, das andere Mal der Böse sein soll, entspricht den Tieren. Der *Physiologus* sagt vom Löwen ausdrücklich: „. . . zwiefältiger Art, löblich und tadelig, ist alle Kreatur." Und daß der Teufel zuweilen die Gestalt eines Jägers annimmt, wurde allgemein geglaubt.

Wie der Jagdfries von Königslutter lehrt, entsprach die mehrdeutige Darstellung der Jagd den zahlreichen Kampfbildern der Chorgestühle (IV, 16), auch der Jagdteppiche, die im Spätmittelalter überall verbreitet waren. Über deren oft lustige, reale Darstellung hinaus werden sie in vielen Fällen – geistlich – als Zeichen für den Kampf gegen das Böse verstanden worden sein.

Die Gebrauchsanweisung, die der *Physiologus* für das Verständnis der Tiere im Zusammenhang der christlichen Kunst zu geben scheint, gilt nicht generell; die Ergebnisse lassen sich nicht beliebig von einem Fall auf den nächsten übertragen. Auch im Mittelalter waren unterschiedliche Deutungen nebeneinander möglich. „Fachbücher", auf die man sich berufen konnte, gab es eine ganze Menge! Es sind die *Bestiarien,* die seit dem 12. Jh. den *Physiologus* mit Hilfe der antiken Überlieferung bedeutend erweiterten und, mit vielen Bildern geschmückt, in seiner Volkstümlichkeit verdrängten. Wunder der Natur traten somit an die Stelle der christlichen Allegorie. Daraus erwuchs in der Neuzeit die naturwissenschaftliche Betrachtung der Tierwelt.

Die vielfach zitierte Streitschrift des hl. Bernhard von Clairvaux gegen den Bauluxus (um 1124) enthält eine deutliche Beschreibung:

> Außerdem im Kreuzgang bei den lesenden Brüdern, was machen dort jene lächerlichen Monstrositäten, die unglaublich entstellte Schönheit und formvollendete Häßlichkeit? Was sollen dort unreine Affen? was wilde Löwen? was monströse Zentauren? was Halbmenschen? was gefleckte Tiger? was kämpfende Krieger? was blasende Jäger? Da siehst du unter einem Kopf viele Körper und da auf einem Körper viele Köpfe. Man sieht hier an einem Vierfüßler den Schwanz einer Schlange, dort an einem Fisch den Kopf eines Vierfüßlers. Dort eine Bestie, die vorne ein Pferd ist und hinten eine halbe Ziege; dort ein Tier mit Hörnern vorn, hinten aber ein Pferd. Mit einem Wort, so viel, so wunderbare Mannigfaltigkeit verschiedenartiger Geschöpfe erscheint überall, daß man eher in den gemeißelten als in den geschriebenen Werken liest; sich lieber den ganzen Tag damit beschäftigt, derlei zu bestaunen als das Gesetz Gottes zu bedenken. Bei Gott! Wenn man sich der Albernheiten schon nicht schämt, warum gereuen dann nicht die Kosten?

* Seel, Otto: Der Physiologus, übertragen und erläutert. Zürich–Stuttgart 1960 (Reihe: Lebendige Antike).

Appuhn, Horst: Die Jagd als Sinnbild in der norddeutschen Kunst des Mittelalters (Die Jagd in der Kunst). Hamburg–Berlin 1964.

Wittkower, Rudolf: Marvels of the East. A Study in the History of Monsters. In: Journal of the Warburg and Courtauld Institutes, Vol. 5 (1942), S. 159–197.

* White, T. H.: The Bestiary. A Book of Beasts, being a Translation from a latin Bestiary of the twelfth Century. New York 1960 (Capricorn Books).

* Schade, Herbert: Dämonen und Monstren. Gestaltungen des Bösen in der Kunst des frühen Mittelalters. Regensburg 1962.

Debidour, V. H.: Le bestiaire sculpté du moyen age en France. 1961 (Grandes études d'art et d'archéologie. Nr. 2) (480 Abb.).

Mode, Heinz: Fabeltiere und Dämonen in der Kunst. Die fantastische Welt der Mischwesen. Stuttgart 1973.

Möbius, Friedrich und Helga: Bauornament im Mittelalter. Symbol und Bedeutung. Mit Aufnahmen von Klaus G. Beyer. Wien 1974.

19. Das Bild des Toten

Die Gewißheit, wie Christus aufzuerstehen, prägte das Bild der Toten in zweierlei Weise: 1) Bis ins späte Mittelalter werden sie als lebende Menschen dargestellt, die bestenfalls schlafen; 2) man zeigt sie im Alter von 33 Jahren, weil Christus in diesem Alter starb und auferstand. Das schloß Naturtreue in unserem Sinne aus und hatte eine Typisierung zur Folge, die es möglich machte, Grabplatten und Epitaphien geradezu in Serien zu fertigen und (z. B. Messingplatten von Flandern aus) über große Entfernungen zu exportieren, woraus zu schließen ist, daß der Hersteller keinerlei Vorstellung von der wirklichen Gestalt des Verstorbenen hatte. Das gilt um so mehr, wenn für Stifter aus viel früheren Zeiten nachträglich Denkmäler gesetzt wurden, z. B. Heinrich dem Löwen im Braunschweiger Dom.

Das von dem Grab losgelöste Denkmal, das man an der Wand aufrichtete, also das *Epitaph*, bezog sich zwar durch die Darstellung desjenigen, an den es erinnert, durch sein Wappen und häufig eine Inschrift deutlich auf den Verstorbenen; aber formal wurde es ein selbständiges Andachtsbild und glich sich frühzeitig dem Typus eines Altars an. – Die Darstellung des liegenden Menschen beschränkte sich auf die Grabplatten, gleichgültig, ob diese im Boden oder auf einer Tumba lagen. Die ältesten Grabbilder sind Ritzzeichnungen oder Mosaiken, bündig in den Kirchenboden eingelassen. Ehedem müssen die Kirchen mit Grabplatten geradezu ausgepflastert gewesen sein, weil jedermann, der es bezahlen konnte, durch ein Grab in der Kirche das Heil seiner Seele zu sichern suchte. Am begehrtesten waren die Plätze in der Nähe der Altäre bzw. der Heiltümer und wurden deswegen für Stifter, geistliche und weltliche Herren, reserviert. Daß jedermann über die Gräber trat, galt als Zeichen der Devotion und hatte lediglich zur Folge, daß man die Darstellung eines Kreuzes auf den Platten vermied, um dieses nicht mit Füßen zu treten.

Seit dem 11. Jh. gibt es in Deutschland Grabplatten von z. T. hohem Relief. Die älteste liegt im Chor des Doms von Merseburg (Taf. 16) und hält die Erinnerung an den Gegenkönig Kaiser Heinrichs IV. wach, an Rudolf von Schwaben, der im Jahre 1080 starb, nachdem er in der Schlacht gegen den Kaiser gesiegt hatte. Papst Gregor VII. hatte sich, nachdem er Heinrich IV. bannte, für Rudolf entschieden. Die sächsischen Fürsten und die Kirche von Merseburg setzten ihm ein Denkmal wie keinem anderen deutschen König zuvor. Während die Kaiser im Dom zu Speyer unter Tumben mit glatten Marmorplatten ruhen, erhielt Rudolf ein aus Bronze gegossenes Denkmal, auf dem er in ganzer Figur erhaben dargestellt ist, ausgestattet mit den königlichen Insignien Krone, Zepter, Reichsapfel, Mantel und Sporen. Die lateinische Umschrift rühmt ihn: „Hier in diesem Grabe ist König Rudolf bestattet, der für das Gesetz der Väter gefallen ist und der es verdient, daß man ihn beklage. Hätte er in Zeiten des Friedens geherrscht, wäre kein König seit Karl ihm in Rat und im Kampf gleichgekommen. Als die Seinen siegten, fiel er als heiliges Opfer des Krieges. Der Tod ward ihm zum Leben, denn er starb für die Kirche." – Die Platte war auch noch reich graviert und vergoldet; die Krone und die Augen enthielten Emails, die wie Edelsteine strahlten. Als Kaiser Heinrich später nach Merseburg kam, zeigte man ihm vorwurfsvoll den königlichen Prunk über dem Grabe des Gegenkönigs. Aber er meinte nur sarkastisch, er wünsche sich alle seine Gegner so vornehm bestattet! Otto von Freising (*Gesta Friderici* I, 7) beleuchtet damit das Ungewöhnliche dieser Grabstätte. Bis dahin hatte man in Deutschland so etwas noch nicht gesehen! Dabei muß die Platte ursprünglich bündig im Fußboden gelegen haben, denn sie wurde trotz des Kopfes, der sich kräftig über das verhältnismäßig flache Relief des Körpers erhebt, sehr stark abgetreten.

Die erste Nachahmung galt in Enger dem längst verstorbenen Widukind, der als Herzog und angeblicher König der Sachsen im Kampf gegen Kaiser Karl als eine Art Vorläufer der sächsischen Gegenkönige betrachtet werden konnte. Die Form der Merseburger Grabfigur ist so treu wiederholt, daß ein Zusammenhang nicht geleugnet werden kann; zwar aus anderem Material, nämlich Baumberger Stein und ohne den Reichsapfel, dafür farbig gefaßt und vergoldet und mit vielen Glasflüssen in Augen, Krone und Mantelborten besetzt. Dieses Prachtgrab hat später dazu geführt, daß man Widukind als Heiligen verehrte und von wunderbaren Heilungen an seinem Grabe berichtete – indem man der Person das Charisma zuschrieb, das man von den christlichen Königen glaubte. Deshalb wohl besuchte Kaiser Karl IV. im Jahre 1377 Enger und ließ die Platte mit zusätzlichem Schmuck versehen.

Weil der Typus für das sächsische Gegenkönigtum beansprucht worden war, fanden diese beiden Gräber im übrigen Deutschland zunächst keine Nachahmung. Die nächsten monumentalen Grabplatten, die erhalten blieben, stellen die Äbtissinnen des königlichen Stiftes Quedlinburg (um 1100) und die Erzbischöfe von Magdeburg dar, Friedrich von Wettin († 1152) und Wichmann († 1192), diese in der Magdeburger Erzhütte aus Bronze gegossen. Wir wissen ferner von dem Denkmal für Kaiser Lothar († 1137), seine Gemahlin sowie Heinrich den Stolzen in der Stiftskirche von Königslutter, das 1693 durch Einsturz des Gewölbes zerstört, aber 1708 in Marmor erneuert worden ist und an das ursprüngliche erinnert. – Man sieht daran, wie stark politische Ereignisse in die Ikonographie eingreifen, indem sie zunächst einen Typus fördern, alsbald aber beschränken, so daß es einer Pause von nahezu zweihundert Jahren bedurfte, ehe er außerhalb Sachsens allgemein in Deutschland aufkam.

Panofsky, Erwin: Grabplastik. Vier Vorlesungen über ihren Bedeutungswandel von Alt-Ägypten bis Bernini. Hrsg. von Horst W. Janson. Dt. Übers. von Lise Lotte Möller. Köln 1964 (446 Abb.).

Bauch, Kurt: Das Mittelalterliche Grabbild. Figürliche Grabmäler des 11. bis 15. Jahrhunderts in Europa. Berlin–New York 1975 (460 Abb.).

20. Das Bild des lebendigen Menschen

Das Porträt, in neuzeitlicher Sicht eine der wichtigsten Aufgaben der Künste, war dem frühen und hohen Mittelalter fremd: Das Individuum in unserem Sinne hatte man noch nicht entdeckt. Erst der Tote, insbesondere der Heilige, erhielt ein Anrecht darauf, im Bilde verewigt zu werden. Dessen müssen wir uns bewußt sein. Denn hierdurch führt alles Suchen nach „echten Porträts" bis ins späte Mittelalter hinein zu einer Illusion. Selbst wenn eine Urkunde z. B. von dem plastischen Bildnis des Kaisers Friedrich Barbarossa in Cappenberg (gegen 1155) versichert, es sei „nach dem Antlitz des Kaisers gemacht“ – ein Porträt mit dem Anspruch auf naturgetreue Ähnlichkeit war es gewiß nicht! Der goldene Glanz, die in Silber strahlenden Augen, ehemals eine Lorbeerkrone, wie sie römische Imperatoren trugen, sowie die Engel und Zinnen des Untersatzes machen deutlich, daß es sich um ein idealisiertes Bildnis handelt, das zunächst den Kaiser repräsentiert, erst in zweiter Linie den Menschen. Noch um 1300 galt die Forderung des Papstes Bonifaz VIII., Statuen von sich aufzustellen, als unerhört!

Der lebende Mensch wurde grundsätzlich in seiner Funktion gezeigt, der Herrscher auf dem Thron als Regent, der Arbeiter bei seinem Werk, der Stifter in der Geste der Anbetung, in der er sein Geschenk überreicht. Idealisieren im Geschmack der Zeit war unabdingbare Pflicht. Als erste konnten Baumeister, die ihr Bildnis als Träger einer Konsole in die von ihnen errichteten Kirchenbauten einfügten, dieses schon im 13. Jh. so individuell gestalten, daß wir es für „richtig“ ansehen dürfen, z. B. Werkmeister Bonensac im Dom zu Magdeburg, oder ein Baumeister im Dom zu Osnabrück. Es waren Kopfkonsolen, also Teile des Gebäudes, sie hatten darin tragende Funktion. Als Kaiser Karl IV. um 1375 Büsten von sich und seiner Familie im Dom zu Prag meißeln ließ, tat er es bezeichnenderweise an einer entsprechenden Stelle. Die berühmten Büsten befinden sich nämlich hoch oben im Triforium auf den Stürzen über den Durchgängen durch die tragenden Pfeiler, also an einer statisch äußerst empfindlichen Stelle. Das Risiko dieser Durchbrüche erschien so groß, daß man sie im 19. Jh. vermauerte und den Triforiums-Umgang, den sie ursprünglich ermöglichten, nun durch eine komplizierte Brücke außen um die Pfeiler herumführte. Wie bekannt, umfaßt die Serie der Büsten außer der Familie des Kaisers noch die Bischöfe von Prag, die Baurektoren sowie die Architekten Matthias von Arras und Peter Parler. Das Triforium und der Obergaden des Domchors sind Parlers persönliches Werk, in dem er von der Planung seines Vorgängers abwich. Wenn er sein Bildnis an eben dieser Stelle anbringen wollte, setzte er damit die Tradition der Kopfkonsolen fort, die sich am Fußpunkt des Gewölbes an einem für die Statik des Gebäudes ebenso entscheidenden Punkt befinden. R. Haussherr wies auf Vorbilder in den englischen Kathedralen Bristol, Exeter, Saint Albans und Ely hin, weil dort, wie in Prag, neben König und Königin auch Bischof und Architekt in einer Reihe dargestellt sind. Da Konsolbildnisse der Baumeister längst bekannt waren, bedeutete es deshalb keine Auszeichnung des Architekten, wenn König und Bischof neben ihnen erschienen, obgleich es in

Prag so aussieht, als hätten diese ihn in ihre Reihe aufgenommen.

In Prag ließ Kaiser Karl die Kathedrale für das neue Erzbistum Prag gleichzeitig zur Ehre der Patrone des Königreichs Böhmen (der hll. Wenzel, Veit, Adalbert und Ludmilla) sowie als repräsentative Grabstätte für sich, seine Familie und seine Vorgänger aus dem Geschlecht der Přemysliden errichten. Die monumentalen Grabfiguren der Přemysliden befinden sich im Erdgeschoß in den drei mittleren Chorkapellen, also an den Plätzen, die dem Allerheiligsten am nächsten stehen – im Sinne der Zeit den besten, die in der Kirche zu vergeben sind. Die Büsten im Triforium stellen dagegen die Lebenden bzw. die jüngst Verstorbenen dar, die durch Stiftungen oder durch ihre Tätigkeit (als Bischof, Baurektor oder Baumeister) zu dem Neubau beigetragen haben. Das lenkt den Blick auf die vielfältige Funktion der Stifterbilder: Sie waren Denkmale im Sinne der Erinnerung an die Menschen und ihre Taten; sie bezeichneten den Ort, an dem man zum Jahresgedächtnis ihrer gedachte; sie forderten Spätere auf, es ihnen gleichzutun; sie waren sichtbare Beweise dafür, daß die Stifter den himmlischen Lohn gewannen. Diese letzte Funktion der Büsten dürfte für die Kirche die entscheidende gewesen sein, weil sie sichtbar festhielt, was in unzähligen Memorien-Verschreibungen ausgedrückt wird: Für seine Stiftungen empfing der Gläubige die Gewißheit, daß nach seinem Tod in der Kirche für sein Seelenheil gebetet wurde und daß er, durch diese Gebete von den Strafen des Fegefeuers befreit, alsbald in das Himmelreich einzog. Das wollen die Bildnisse im Triforium sagen, zumal sich außen dicht über den Büsten des kaiserlichen Paares die Büsten Christi und der Muttergottes befinden. So verdanken die einmaligen Bildnisse von Prag ihre Entstehung wohl dem Zusammentreffen der Bildnis-Idee des Baumeisters Parler mit der kirchlichen Idee, das Denkmal der Stifter in die Zone zu heben, die in dem Gebäude den Himmel repräsentiert. Beide Ideen müssen den Wünschen des Kaisers entsprochen haben, der an den von ihm gestifteten Heiligtümern häufig sein Bildnis als Stifter malen ließ.

Appuhn, Horst: Beobachtungen und Versuche zum Bildnis Kaiser Friedrichs I. Barbarossa in Cappenberg. In: Aachener Kunstblätter 44 (1973), S. 129–192.

Gerstenberg, Kurt: Die deutschen Baumeisterbildnisse des Mittelalters. Berlin 1966.

Haussherr, Reiner: Zu Auftrag, Programm und Büstenzyklus des Prager Domchores. In: Zeitschr. f. Kunstgesch. 34 (1971), S. 21–46.

Legner, Anton (Hrsg.): Die Parler und der Schöne Stil 1350–1400, Europäische Kunst unter den Luxemburgern. 3 Bde. Köln 1978.

Als monumentale Stifterbilder außerhalb des kirchlichen Bereiches sind die überlebensgroßen Sitzfiguren Kaiser Karls IV. und seines Sohnes, König Wenzels IV., zu betrachten, die Peter Parler kurz nach den Büsten des Doms am Altstädter Brückenturm in Prag anbrachte. Die Brücke, zu ihrer Zeit ein vielbestauntes Wunderwerk der Bautechnik, entstand auf des Kaisers Befehl. Der Turm bildet – von der Burg aus gesehen – ihr Ende und bezeichnet die Grenze zur Altstadt Prag. Die monumentale Schauseite zeigt die Herrscher im Typus der Thronenden, der auf Siegeln längst üblich war. Trotz ihres Miniatur-Formates repräsentieren solche Siegel den Aussteller selbst; wieviel mehr die überlebensgroßen Figuren, die zudem noch individuelle Züge tragen! Allerdings ließ ihre großflächige Bearbeitung, die auf die Ansicht aus einiger Entfernung berechnet ist, eine so feinnervige Behandlung der Oberfläche wie bei den Büsten im Domchor nicht zu. Trotz der Legitimation durch die allgemein bekannten Herrschersiegel ordnen sich die Figuren am Brückenturm einem Heiligen unter, dem hl. Veit, der zwischen den beiden Thronenden unter einem erhöhten Baldachin erscheint. Deshalb bleiben diese ersten monumentalen Bildnisse lebender Herrscher in ganzer Figur, die es in der deutschen Kunst gibt, auch außerhalb der Kirche dem kirchlichen Bereich zugeordnet: Sie wurden hierdurch „tragbar".

In der Kirche gab es Stifterbilder als Wandgemälde oder Teppiche schon im 12. Jh. (z. B. in Pürgg/Steiermark bzw. in Halberstadt). Das flache Bild, eingebunden in die Dekoration einer Wand und erst recht der Teppich, den man nur zu einzelnen Festen zeigt, lassen sich in ihrem Realitätsgrad mit einer monumentalen vollplastischen Skulptur nicht vergleichen. Nur diese vertritt den Stifter so, als sei er selbst anwesend. Dieser allgemein menschlichen Reaktion folgte das Beschränken der Vollskulptur auf die Hauptstifter. Da sie zumeist in der von ihnen gestifteten Kirche beigesetzt wurden – denn zu diesem Zweck hatten sie sie ja gestiftet –, lag es nahe, ihr Denkmal als Hochgrab zu gestalten. Dieser bereits im 12. Jh. geschaffene Typ wirkte auf die monumentalen Stifterfiguren zurück, die unabhängig von einem Grabe an den Wänden aufgerichtet worden sind, auch auf die berühmteste Reihe der Stifter im Westchor des Naumburger Doms.

21. Denkmale der Stifter

Der Streit zwischen Naumburg und Zeitz um das Kathedralrecht zwang die Bischöfe von Naumburg, ihren Dom zu vergrößern und zu modernisieren, um ihrem Anspruch sichtbares Gewicht zu verleihen.

Der Westchor war der letzte Teil, der um 1240 in Angriff genommen wurde, viel größer und schöner als derjenige des Vorgängerbaus. Hierin befinden sich die Stifterfiguren.

Die im Dom begrabenen Markgrafen Herrmann und Ekkehard hatten 1028 bewirkt, daß der Bischofssitz von Zeitz nach Naumburg verlegt wurde und den ersten Bau des Doms durch ihre Stiftungen ermöglicht. Deshalb führen sie und ihre Gemahlinnen Regelindis und Uta die Liste der ersten Stifter *(primi fundatores)* an, die durch ihre Verdienste den Nachlaß der Sünden erreichten. Die Liste findet sich in dem Dekret, das Bischof Dietrich von Naumburg zusammen mit dem ganzen Kapitel im Jahre 1249 ausstellte und damit allen Nachkommenden versprach, daß sie durch ihren Beitrag zum Kirchenbau dasselbe erreichen könnten. Die Gebetsbruderschaft als Mittel zum ewigen Heil, die ihnen durch dieses Dekret angeboten wird, soll die Quittung für eine entsprechende Spende sein. Und diese war wiederum notwendig, weil zur Vollendung des Baus das Kapital fehlte. – Das sind – stark gekürzt – die historischen Fakten. Wie bilden sie sich in dem Gebäude ab?

Zunächst kann auch die ikonographische Untersuchung an der Tatsache nicht vorübergehen, daß der leitende Architekt und Bildhauer nicht nur ein weitgereister Mann gewesen ist (Reims, Metz, Mainz waren seine Stationen, ehe er nach Naumburg berufen wurde), sondern auch ein hervorragender Entwerfer und Handwerker. Seiner genialen Fähigkeit müssen wir vieles von dem zuschreiben, was uns in Naumburg so einmalig und – wegen des hohen künstlerischen Ranges – unwiederholbar vorkommt. So können wir zwar die Tradition einzelner ikonographischer Typen auch in Naumburg verfolgen, aber das Ganze des Kunstwerks damit nicht erklären, nur seine beabsichtigte Wirkungsweise.

Die Reihe der Stifterfiguren und ihrer Baldachine ist durch einen Arkadengang, der sich unter der Sohlbank der Fenster um den ganzen Raum legt, in einer Höhe in die Architektur einbezogen, die sonst Christus, Maria und den Aposteln vorbehalten wurde. Es ist die Zone oberhalb des Gestühls und seines Baldachins. Das besagt, daß die Stifter, wie es das Dekret verspricht, in den Himmel aufgenommen worden sind, also dasselbe wie die Büsten im Domchor von Prag (IV, 20). Für den Bildhauer lag darin ein Anreiz, die längst Verstorbenen nach dem Schönheitsideal seiner Zeit und dem an den Höfen üblichen Gehabe wie wirklich anwesende Menschen zu gestalten und mit allen Zügen ihrer Individualität auszustatten. Da man vom Leben der Stifter zu wenig wußte, ist es über die traditionelle Form der Zwiegespräche zur Andeutung einer Handlung gekommen. Jeder Versuch, diese zu interpretieren, scheitert, weil er übersieht, daß der große Bildhauer eben aus der ihm gestellten Aufgabe heraus bestrebt war, die einzelnen Figuren soweit wie möglich zu variieren – und dadurch ungewollt z. T. phantastischen Deutungen Vorschub leistete.

Der Lettner vor dem Westchor hat ein eigenes Programm: Zwischen den beiden Türen hängt Christus am Kreuz. Er ist der leidende Herr und fordert zum Mitleiden auf. Maria und Johannes sprechen mit eindringlichen Gesten den Menschen an, der durch diese Türe tritt. Es ist ein erschreckendes Erlebnis, so unmittelbar vor ihnen zu stehen und nicht anders als unter den Armen Christi in den Chor gelangen zu können. Für sich betrachtet wirkt dies wie eine Illustration des Wortes Jesu: „Ich bin der Weg ... Niemand kommt zum Vater denn durch mich“ (Jo 14, 6). Doch zwischen diesen Sätzen steht auch: „Ich bin ... die Wahrheit und das Leben.“ Diese Worte werden erst aus dem Zusammenhang der Kreuzgruppe mit den übrigen Darstellungen ablesbar. – Ein solches Christus-Portal kennen die französischen Kathedralen der Zeit nicht. Die Kreuzgruppe wurde gleichsam von der Höhe des Triumphbogens herabgeholt. Das war in Naumburg möglich, weil ein Triumphkreuz sicherlich wie in allen Kirchen vor dem Ostchor seinen Platz hatte (vgl. Dom in Halberstadt, Wechselburg u. a.), und das schloß ein zweites Triumphkreuz im Westen aus. – Der Opfertod des Herrn bildet den Endpunkt der Passion, welche die acht Reliefs der Lettner-Brüstung erzählen. Man darf aber nicht übersehen, daß dieser Zyklus von dem Giebel des Portals in der Mitte unterbrochen wird. Der Vierpaß in dem Giebel enthält gemalt den thronenden Herrn, umgeben von zwei Engeln, die das Kreuz mit der Dornenkrone und einen Kelch mit den drei Nägeln sowie die Heilige Lanze und den Stab mit dem Essigschwamm emporhalten. Die lateinische Umschrift lautet übersetzt: „Der Richter hier auf dem Throne scheidet die Lämmer von den Böcken. Mag es hart sein oder angenehm, endgültig ist das hier gefällte Urteil.“ Dieser Text, in Anlehnung an Mt 25, 31 f., kennzeichnet das Jüngste Gericht. Das Bild stellt denselben Herrn, der unten am Kreuz starb, in seiner Himmlischen Majestät dar entsprechend dem Wort: *Ich bin die Wahrheit.* Die Marterzeichen seiner Passion führt er wie Heroldszeichen (*Arma Christi* hat man sie später genannt). Sie wurden aus Stuck plastisch auf das Bild aufgetragen und vergoldet, ebenso die Glorien und Gewandborten Christi und der Engel sowie der Thron des Herrn. (Trotz mehrerer Wiederherstellungen wird dies dem ursprünglichen Zustand des Bildes entsprechen.) Dadurch hat das Gemälde fast den Charakter eines

Reliefs angenommen und steht in seiner Wirkung den farbig gefaßten Figuren nicht nach. Der Giebel, der goldene Rahmen des profilierten Vierpasses und der Goldglanz der erhabenen Teile verleihen ihm das Visionäre der himmlischen Erscheinung und heben es von dem Realitätsgrad der Skulpturen ab, die das irdische Geschehen darstellen. Die menschliche und die göttliche Natur Christi werden so unterschieden.

Neben diese grundsätzliche Deutung tritt die Tradition des Bildes und sagt weiteres aus, weil diese Ikonographie im 12. und 13. Jh. speziell dann angewendet wurde, wenn mit dem Kreuz das Holz des Lebens gemeint war, nämlich in den nach byzantinischem Vorbild angelegten Kreuzreliquiaren an Rhein und Maas, z. B. in Sainte Croix in Lüttich. Das Kreuz als Holz des Lebens galt allen Gläubigen als Unterpfand für die Auferstehung. Das entspricht dem zitierten Christuswort: *Ich bin das Leben.* Hierin offenbart sich der immer wieder gesuchte Bezug des Lettners auf die Stifter in dem dahinterliegenden Chor!

Wir dürfen noch einen Schritt weitergehen. Auf dem Lettner befanden sich bis zur Reformation drei Altäre, von denen einer sicher in der Mitte hinter dem über die Brüstung hinausragenden Giebel seinen Platz hatte. Wenn darauf ein Reliquiar stand, das ein Stück des Heiligen Kreuzes oder der Dornenkrone umschloß, mußte man die Reliquie auf den unmittelbar davor thronenden Herrn und den darunter am Kreuz Gestorbenen beziehen. Das Heiltum war dann ähnlich hervorgehoben wie in der Sainte Chapelle in Paris (vollendet 1248) die Reliquie der Dornenkrone Christi. In der Sicht des Mittelalters galt sie als das reale Zeugnis der Auferstehung des Herrn, welche die Stifter auch für sich erhofften.

Bauch, Kurt: Bildnisse vom Naumburger Meister. In: Kunsthistorische Forschungen. Otto Pächt zu seinem 70. Geburtstag. Salzburg 1972, S. 225–234.

Schubert, Dietrich: Von Halberstadt nach Meißen. Bildwerke des 13. Jahrhunderts in Thüringen, Sachsen und Anhalt. Köln 1974 (DuMont Dokumente).

Rhein und Maas. Kunst und Kultur 800–1400. Ausstellung Köln 1972, Kat. Nr. G 5.

Haussherr, Reiner: Triumphkreuzgruppen der Stauferzeit. In: Die Zeit der Staufer, Geschichte – Kunst – Kultur. Ausstellung Stuttgart 1977, Bd. V, 1979, S. 162 f.

Sauerländer, Willibald: Die Naumburger Stifterfiguren, Rückblick und Fragen. In: ebendort, S. 169–245, besonders S. 224–225.

V. MYSTISCHE ANDACHT

22. Zur Geschichte einer Heilig-Blut-Reliquie

Die Fülle der in Kloster Wienhausen in der Lüneburger Heide (bei Celle) erhaltenen Kunstwerke und schriftlichen Quellen gestattet es, die ikonographischen Zusammenhänge so deutlich zu verfolgen, wie es nur noch an wenigen Orten möglich sein wird. Daß die Dinge erhalten blieben, verdanken wir paradoxerweise der Reformation: Das im Spätmittelalter blühende Kanonissenstift besteht seitdem als ein Stift für evangelische Damen. Dadurch verringerte sich der Konvent von mehr als hundert Schwestern auf zwölf Damen und eine Äbtissin. Diese konnten es sich leisten, viele Räume Jahrhunderte hindurch unbenutzt so zu lassen, wie sie überkommen waren. Ihr Inhalt wurde dadurch bestens konserviert. Da weder Mode noch Unglücksfälle zu Neubauten zwangen, ging auch die Welle des Barocks fast ohne Spuren vorüber. – Was uns fehlt, sind leider die Anweisungen für den Kult und damit für den Gebrauch der Kunstwerke, die sog. Ordines. Dieses Kapitel versucht, sie zu rekonstruieren, um den ikonographischen Zusammenhang der Kunstwerke deutlich zu machen.

Pfalzgraf Heinrich, der älteste Sohn Heinrichs des Löwen, und seine zweite Gemahlin, Agnes von Meißen und Landsberg, stifteten das Kloster im Jahre 1221. Wienhausen war damals bereits ein Marktflecken mit Marktrecht, Zoll und Münze und allen für einen Markt nötigen Rechten von Kaiser Heinrich III. am 15. Oktober 1053 ausgestattet und zu seinem und seiner Gemahlin Agnes Seelenheil der hildesheimischen Kirche übertragen. Der Ort hatte eine Archidiakonatskirche mit Vorkirche und Taufkapelle, die den hll. Aposteln Simon und Juda geweiht war (denselben, denen Kaiser Heinrich III. im Jahre 1050 seinen „Dom“ in Goslar widmete). Ihr Westturm enthielt eine Empore, die für den am Anfang kleinen Konvent ausreichte, denn die Nonnen durften nur von einer Empore aus an den Messen der Pfarrkirche teilnehmen. Unter der Empore lag wie üblich die erwähnte Taufkapelle. In einer Gruft vor dem Taufstein wurde die Herzogin Agnes nach ihrem Tode beigesetzt. Ihr Grab war nicht nur durch die Lage, sondern auch durch „einen Sarg aus Messing“, der – wohl wegen des hohen Grundwasserspiegels – „in eisernen Ketten hängt“, ausgezeichnet. Am Anfang des 14. Jh. schrieb man ihre Vita in einer Form auf, wie sie einer Heiligen gebührt. Man erinnere sich: Zur Zeit der Herzogin Agnes lebte Elisabeth von Thüringen. Nach deren Tode hat derselbe Bischof Conrad II. von Hildesheim, der die Gründung Wienhausens 1233 bestätigte, ihren Kanonisationsprozeß geleitet (1235). Das Vorbild Elisabeths begeisterte damals ganz Deutschland. Auch Herzogin Agnes wird ihr nachgeeifert haben.

In Wienhausen versichert die Klosterchronik, daß eine Reliquie des Heiligen Blutes Jesu Christi, welche die Herzogin Agnes selbst aus Rom beschaffte, auf dem Klosterchor verehrt worden ist und viele Wunder wirkte. Das heißt, diese Herrenreliquie befand sich über dem Grab der Stifterin und verhieß ihr durch das Gebet der Nonnen die Auferstehung. Und in der Tat, in der Gewölbemalerei des um 1330 neugebauten Nonnenchors sieht man in der vielteiligen Darstellung des Himmels, in dessen Mitte der Weltenrichter thront, eine „Loge" für die Stifter reserviert (Taf. 20). Dort sitzen Pfalzgraf Heinrich und seine Frau Agnes inmitten der nachfolgenden Stifter. Totenbuch und Chronik nennen ihre Namen und Taten. Im Archiv sind die entsprechenden Urkunden noch weitgehend vorhanden.

Die Reliquie des Heiligen Blutes lag wie üblich in einer kleinen Ampulle (in der Chronik ist irrtümlich übersetzt: *Feder* – wahrscheinlich infolge eines Lesefehlers von *pluma* statt *ampulla*). Das war kein sehr ansehnliches Gefäß und bedurfte eines Reliquiars. Davon ist jedoch nirgends die Rede, weshalb an eine andere Form der Aufbewahrung gedacht werden muß, nämlich an den Altaraufsatz. Heute erhebt sich über dem Altar des Nonnenchors eine geschnitzte Tafel, die laut Wappen und Inschriften Propst und Äbtissin im Jahre 1519 stifteten. Die Festtagsseite ist der Muttergottes gewidmet; die Außenseite der Flügel enthalten Gemälde der Passion Christi sowie die Gregorsmesse; eine auf den Schrein aufgesetzte Tafel das Monogramm des Namens Jesu (ihs) und die Heiligen Fünf Wunden: des Herzens, der Füße und Hände Jesu, dazu die Leidenswerkzeuge. Anstelle der zu erwartenden Darstellung Christi am Kreuz zeigt das Relief der Schiebetür, die das Mittelfach der Predella (Taf. 15) verdeckt, den *Gnadenstuhl*, das ist Gottvater thronend mit der Tiara auf dem Haupt, der seinen geopferten Sohn vor sich hält, über dessen Kopf die Taube des Heiligen Geistes schwebt – also ein Bild der Heiligen Dreifaltigkeit. Aus den Wundmalen des Herrn führen durch Drähte dargestellte Blutströme in den Kelch, den zwei Engel darunter halten. Und über diesem Kelch schwebt die Hostie als Zeichen, daß dieser der eucharistische Kelch ist, in dem sich der Wein zum Blut Christi verwandelt. – Schiebt man die Tür zur Seite, öffnet sich das Sakramentshaus, in dem die Monstranz mit der Hostie ehedem ihren Platz hatte, eingerahmt von zwei Engeln, die Rauchfässer schwingen. Darüber wiederholt sich dieselbe Darstellung des Gnadenstuhls in kleinerem Format. Darunter verzieren drei Maßwerkwirbel die Vorderseite einer locker eingelegten Stufe. (Die drei Wirbel bedeuten als Zeichen natürlich dasselbe wie der Gnadenstuhl, nämlich die Heilige Dreifaltigkeit.) Die Höhe der Stufe entspricht derjenigen mit den beiden Engeln und dem Kelch auf der Tür, die man davorschiebt; sie bilden gleichsam das Etikett des Heiligen Blutes, das man dahinter, in der Stufe, erwartet. Die Reliquie begründet die ganze Ikonographie der Tür, der Flügelaußenseiten und der Aufsatztafel, denn alle Themen beziehen sich auf sie. Der Altar diente ihr als monumentales Reliquiar! Das erinnert daran, daß die Flügelaltäre anfänglich kostbar verzierte Reliquienschreine gewesen sind (Oberwesel, Klarenaltar in Köln), oft auch noch in der Spätgotik, man denke z. B. an den Heilig-Blut-Altar Tilman Riemenschneiders in Rothenburg o. d. T. – Worin lag die Haupt-Reliquie von Wienhausen aber vor 1519?

Appuhn, Horst: Kloster Wienhausen. 80 Tafeln nach Aufnahmen von Hans Grubenbecher. Hamburg 1955.
Appuhn, Horst: Chronik des Klosters Wienhausen. 2. Aufl., erw. um das Totenbuch. Celle 1968 (Bomann-Archiv. H. 3/4).
Die Kunstdenkmale des Landes Niedersachsen. Bd. 34. Landkreis Celle. Hannover 1970.

23. Der Auferstandene und das Heilige Grab

Die Chronik berichtet, daß (vorher) die 1,08 m hohe Holzfigur des Auferstandenen (Taf. 19) auf dem Choraltar stand. Ihr Sarkophag ist mit Gold, Farben und Steinen verziert. Ehemals standen auch noch zwei kleine akklamierende Engel darauf. Die Grabwächter hocken in den Arkaden fast wie Apostelfiguren an den Längswänden eines hochmittelalterlichen Schreins. Der Sarkophag ist hohl; Spuren deuten darauf hin, daß man ihn einmal aufriß. Die Vermutung, daß hierin ehedem die Reliquie eingeschlossen war, fußt auf der allgemeinen Erfahrung, daß die meisten mittelalterlichen Figuren zu ihrer Heiligung Reliquien enthielten; hier speziell auf der Parallele zu dem Sakramentshaus des Altars: In den hohl geschnitzten Körper des Auferstandenen konnte man nämlich von hinten ein Gefäß mit der geweihten Hostie einsetzen. Durch ein kleines Loch in der Herzwunde des Herrn war es zwar von vorne nicht zu sehen, aber die Verbindung zwischen dem Betrachter der Figur und dem Sakrament war hierdurch gewährleistet. Die Reliquie im Sarkophag und das Sakrament im Leib des Herrn waren dann genauso übereinandergeordnet wie im Sakramentshaus des späteren Altars!

Da es von dem *Leib* des auferstandenen Herrn keine Reliquie geben kann, stellt nach christlicher Auffassung das Allerheiligste den einzigen realen Teil seines Körpers dar. Sein *Blut* floß dagegen über Kreuz, Lanze und Tücher herab und konnte dadurch als Heiligste Reliquie erhalten bleiben. So müssen wir uns das Beieinander von Hostie = *Leib* und Reliquie = *Blut des Herrn* erklären.

In nüchternen Worten lassen sich die Darstellungen logisch deuten. Im Zeitalter der Mystik wurden sie in einer für uns nicht mehr nachvollziehbaren Weise lebendig erfaßt: Die Figur war der in voller Realität anwesende Auferstandene, weil das Mysterium der Wandlung und die Reliquie ihn lebendig machten. Die Figur wurde – wie auch von anderen bekannt – in Prozessionen getragen. So war es der Herr selbst, der Menschen und Dinge segnete. Wer ihn verehrte, wurde geheilt, wer ihn mißachtete, bestraft, so erzählt die Klosterchronik. Die Novizinnen stellte man als Bräute geschmückt auf den Altar und verlobte sie so mit dem Himmlischen Bräutigam! Mit Krone und kostbaren Gewändern hat man die Figur zu den Festtagen bekleidet und sorgfältig darauf geachtet, daß die Gewänder wechselten wie die Bekleidung des Altars. Sosehr es unserer Vorstellung widerspricht, eine mit Rock und Mantel geschnitzte Figur mit wirklichen Stoffen „anzuziehen" – für die Nonnen hatte gerade dies den Sinn, den lebendigen Herrn körperlich zu bedienen. (Dem Bekleiden des Auferstandenen entspricht das Bekleiden der Gnadenbilder der Muttergottes, auch der Bronzefigur St. Peters in Rom, wie wir es heute noch sehen, sowie der nackten Christkindlein, die es in vielen Sammlungen gibt, vgl. Taf. 21. Von dem Christkind in Bordesholm wird sogar erzählt, daß es weinte, wenn es nicht jährlich ein neues Kleid bekam!)

Dieses Brauchtum neben der Liturgie wäre wohl nicht entstanden, wenn der offizielle Kult sich nicht schon der Spielform bedient hätte, um das heilige Geschehen sinnenhaft darzustellen. Der Auferstandene repräsentiert im Kirchenjahr das Osterfest. Er muß mit dem am Kreuz gestorbenen und mit dem im Grab ruhenden Herrn zusammengesehen werden, wie sich Passionsspiel und Osterspiel ergänzen, die im Verlauf weniger Tage aufeinanderfolgen (vgl. II, 7). Im Kloster Wienhausen sind ein Kruzifix und ein Grabbild Christi aus derselben Zeit (gegen 1300) wie der Auferstandene erhalten, dazu ein Heiliges Grab

(Taf. 17), dessen Gehäuse die Äbtissin Katharina von Hoya vor 1448 erneuern ließ. Dieses Heilige Grab unterscheidet sich von den bekannten Denkmälern gleichen Namens (z. B. im Münster zu Konstanz, Taf. 28) durch sein Material (Holz statt Stein), durch seine Form (Sarg mit beweglichen Türen statt Zentralbau) und durch die Beschränkung auf die Figur des im Grabe ruhenden Herrn. Außer den Türen an den Längsseiten des Sarges lassen sich an Kopf- und Fußende kleine Klappen öffnen, durch die es möglich war, Christi Füße zu küssen, wie es u. a. in Rom in der Capella Sancta Sanctorum beim Lateran üblich ist. In diesem Gehäuse liegt die (ältere) Figur des Herrn unverrückbar fest, obgleich sie die Vorstellung hervorruft, man habe sie einst im liturgischen Osterspiel – wie eine Tragbahre – zu Grabe getragen. (Zwei Handschrift-Fragmente von Osterspielen wurden in Wienhausen wiedergefunden.) Sicherlich hatte das ältere Heilige Grab, zu dem die Grabfigur ursprünglich gehörte, so große Türen, daß man die Figur des Herrn hineinlegen bzw. daraus entfernen konnte. Es muß für die *depositio crucis* geeignet gewesen sein, die seit dem 10. Jh. in Deutschland und England genannt wird, aber erst im 13. Jh. in dem Grabbild Christi und dem Bild des Auferstandenen die adäquaten Figuren des Herrn erhielt. Ein *Ordo* des 15. Jh. aus dem Benediktinerkloster Prüfening erläutert es so: Am Karfreitag wird das Kreuz nach der Verehrung vom Kreuzaltar genommen und in einem Grab beigesetzt, das man in diesem Altar bereitet hat, ebenso, nach der Messe, auch die Hostie. Die *elevatio hostiae et imaginis resurrectionis* (= die Erhebung der Hostie und des Auferstehungsbildes) am Ostertag wird vorbereitet, indem der Kustos in der Nacht ein Bild des auferstandenen Herrn in das Grab stellt. Vor der Ostermesse holt der ganze Konvent in feierlicher Prozession dieses Bild von dem Grab ab. Man stellt es auf den Altar der Apostel, verehrt es und trägt es später auf den Hochaltar. Der Kruzifixus, der zunächst im Grabe liegenblieb, wird später vom Kustos herausgenommen und an seinen Platz über dem Kreuzaltar zurückgebracht. Am Ostermorgen erwartet der Engel in dem leeren Grab die Frauen, die als erste das Grab Christi besuchen. – Der *Ordo* von Prüfening setzt also einen so großen Altar voraus, daß mehrere Personen hineingehen (im Münster Mittelzell auf der Insel Reichenau blieb ein solcher erhalten) und daß außer dem Bild des Gekreuzigten auch eines des Auferstandenen Herrn darin niedergesetzt werden konnte. Ausdrücklich ist von einem Kruzifix die Rede – doch wir wissen, daß spätestens seit 1350 viele mittelalterliche Kruzifixe mit schwenkbaren Armen versehen waren, eben damit man sie besser vom Kreuz nehmen und ins Grab legen konnte. Wir kennen außerdem sehr kleine Figuren des Auferstandenen, die für das Erheben am Ostertag geeignet waren, z. B. in Kloster Ebstorf (Holz), aus Stift Steterburg (Stickerei), in der Kathedrale von Reims (Silber) und in der Jerusalem-Kirche von Brügge (Silber). Die Riten von Durham in England schrieben vor, daß in eine derartige Figur die Hostie zu legen sei, so daß die Prozession auch das Allerheiligste zum Altar zurückbringt.

Wie ließ sich die relativ große Figur des Auferstandenen in Wienhausen ebenso gebrauchen bzw. wie war das ehemalige Grab dafür eingerichtet? Wenn es dem heutigen äußerlich glich, werden die großen Klappen verriegelt und versiegelt worden sein, wenn am Karfreitag der Herr im Grabe ruhte. Aber ein Türchen an der Schmalseite blieb wohl zugänglich. Durch dieses konnte man den Grabeschristus herausziehen, ohne die Siegel zu brechen. Danach ließ sich durch Flügeltüren im Sockel der Auferstandene von unten hineinsetzen. Dann konnte am Ostermorgen – etwa wie in Prüfening beschrieben – der Konvent in Prozession zum Grabe gehen, es offen finden wie einst die heiligen Frauen und die Figur des Auferstandenen daraus erheben.

Seit der Einführung der Monstranz als Gefäß für das Allerheiligste hat sich dieser Brauch geändert. In Wienhausen wird 1398 zum ersten Mal eine solche genannt. Seitdem war es nicht mehr notwendig, die Figur zu benutzen, denn man gebrauchte die Monstranz dafür. Daher liegt in dem 1448 erneuerten Heiligen Grab das Grabbild Christi unverrückbar fest, aber die Flügeltüren im Sockel behielt man bei und bemalte sie auf ihren Innenseiten mit den Szenen, die auf die Auferstehung folgen. Dieses sichert den Gebrauch des Sockels als Ostergrab für die Eucharistie: Am Ostertag wird es – geöffnet – leer gezeigt. Während dieser Zeit blieb die darüberliegende Figur verdeckt. Sie diente nun – außerhalb der Ostertage – für die ständige Andacht zum Heiligen Leichnam.

Also müssen wir verschiedene Formen des Osterspiels unterscheiden. Die Einführung der Monstranz hat offensichtlich die Änderung bewirkt. Wie ist es dazu gekommen?

Appuhn, Horst: Der Auferstandene und das Heilige Blut zu Wienhausen. Über Kult und Kunst im späten Mittelalter. In: Niederdeutsche Beiträge zur Kunstgeschichte 1 (1961), S. 73–138.

Taubert, Gesine und Johannes: Mittelalterliche Kruzifixe mit schwenkbaren Armen. Ein Beitrag zur Verwendung von Bildwerken in der Liturgie. In: Zeitschr. des deutschen Vereins für Kunstwissenschaft 23 (1969), S. 79–121 (ausführliche Wiedergabe der Riten).

24. Mystische Andachtsbilder und der Fronleichnamskult

Das Antlitz des Auferstandenen (Taf. 19) strahlt solch heitere Jugend aus, wie sie einem Dreiunddreißigjährigen nicht mehr zukommt. Auch andere Christusbilder der Zeit überbieten sich in einer Milde und Süße, die in schroffem Gegensatz steht zu dem Grauen, mit dem der am Kreuz Gestorbene sonst, z. B. an Gabelkreuzen, dargestellt wird. Die Figuren scheinen die Extreme menschlichen Empfindens zu reflektieren, um neue Empfindungen zu wecken. Sie wenden sich an den einzelnen und fordern ihn unabhängig von Spiel oder Liturgie zur Andacht auf.

Dieses Verlebendigen kennzeichnet die mystischen Andachtsbilder; das sind außer verschiedenen Darstellungen der Muttergottes u. a. die Christus-Johannes-Gruppe, der Kreuzträger, der Gabelkruzifixus, das Vesperbild *(pietà)*, das Grabbild, der Schmerzensmann. Die deutsche Kunstwissenschaft hat sich angewöhnt, sie als *Andachtsbilder* zu bezeichnen, obgleich dieser Begriff erst von Goethe zum ersten Mal verwendet wurde. Im Mittelalter hieß man sie einfach *Bilder* und meinte damit sowohl Gemälde als auch Figuren, ohne nach Thema, Material oder Format zu unterscheiden. Weil letzten Endes jedes Bild der Heilstatsachen zur Andacht benutzt werden kann, sollte man die genannten Themen genauer als *mystische Andachtsbilder* bezeichnen, weil sie in der Zeit der Mystik aufkamen. Aber wie verhalten sie sich zu den Visionen, welche die Mystiker aus eigenem Erleben schildern? Ähnlich wie bei den Passionsdarstellungen (II, 7) schien das Wort vorauszugehen und das Bild ihm zu folgen. Wilhelm Pinder schrieb von der „dichterischen Wurzel der Pietà“ und zählte lyrische Vorformen in Gestalt der Marienklagen seit dem 12. Jh. auf. Sie gipfeln in des Mystikers Heinrich Seuse *Büchlein von der ewigen Weisheit* in den Worten der Muttergottes: „Ich nam min zartes kint uf min schoze und sah in an – do waz er tot; ich lugt in aber und aber an – do enwas da weder sin noch stimme“. Als Seuse dies gegen 1334 schrieb, standen längst monumentale *Vesperbilder* (Taf. 23) in vielen deutschen Kirchen. „Die schon im späten Mittelalter geprägte Bezeichnung *Vesperbild* meint beides: den letzten Abschied der Mutter von ihrem toten Sohn zur Abendzeit, zur Vesperzeit des Karfreitags und zugleich die Zuordnung von Beweinung und Grablegung zur Vesper im Sinne der Liturgie, entsprechend der Verteilung der einzelnen Stufen der Passion Christi auf die Tageszeiten des Breviers. Allgemein üblich geworden ist die abgekürzte italienische Bezeichnung *Pietà* (eigentlich: *Mutter des Erbarmens*; französisch: *Vierge de Pitié*), obwohl wir heute wissen, daß gerade in Italien diese isolierte plastische Gruppe kaum bekannt war und kaum verwirklicht wurde, bevor der junge Michelangelo in den Jahren 1498–1500 die Marmor-Pietà für St. Peter in Rom schuf, die ihren Schöpfer mit einem Schlage berühmt machte" (Wolfgang Krönig).

Dasselbe gilt für die *Christus-Johannes-Gruppen* (Taf. 22), die in den Klöstern am Bodensee vorhanden waren, ehe Johannes Tauler, der dort als Seelsorger wirkte († 1361), den Nonnen riet (ins Hochdeutsche übersetzt): „Willst du mit Johannes ruhen am minniglichen Herzen unseres Herrn Jesu Christi, so mußt du dich vertiefen in das minnigliche Vorbild unseres Herrn". Entsprechend hatten die Nonnen Visionen, in denen sie das Bild schauten und ebenso wie Johannes ihre eigene Seele mit Christus vereint erlebten. Doch diese Visionen sind jünger und setzen die Bilder voraus. Deren Quelle sind die Worte des Evangeliums und der daraus abgeleiteten Texte in Messe, theologischer Literatur und Predigt. Die wenigen Darstellungen älterer Buchmalerei – „jenen unerschöpflichen Bilderkompendien, in denen nahezu alles schon einmal illustriert worden ist" (Hans Wentzel) – helfen nicht weiter, weil eine illuminierte Initiale am Beginn des Johannes-Evangeliums selbstverständlich den Autor meint, wie er sich selbst in seinem Werk an entscheidender Stelle, dem Bericht vom Heiligen Abendmahl, charakterisiert (Jo 13, 23). So bleibt nur übrig, nach äußeren und inneren Anlässen zu suchen, die plötzlich in der Zeit um 1300 den Worten zum Ausdruck in der monumentalen Skulptur verhalfen.

Für die Christus-Johannes-Gruppen des 14. Jh., deren Verbreitung sich auf den Bodenseeraum beschränkt, gab anscheinend das Kloster St. Katharinental (Schweiz) das Beispiel, als nach dem Neubau des Chors im Jahre 1305 der bis dahin Maria und Johannes Ev. gemeinsam geweihte Hochaltar auf Maria beschränkt und für Johannes ein eigener Altar geweiht wurde. Dieses war nicht etwa als ein Zurücksetzen des Evangelisten gemeint, denn in St. Katharinental genoß er die höchste Verehrung. Um so eher ist es zu verstehen, daß die Ausstattung seines Altars dem der Muttergottes in keiner Weise nachstand. Da der Stifter des Neubaus, Eberhardt von Craitzlingen in Konstanz, auch „das schone pild unser lieben frauwen" für den Hauptaltar stiftete, das wahrscheinlich von demselben Bildhauer wie die in Antwerpen erhaltene St. Katharinentaler Christus-Johannes-Gruppe (Taf. 22) geschaffen wurde, und weil für diese die Chronik berichtet, das „St. Johannesbild [so wurde die Gruppe im Mittelalter genannt] werdt von meister Hainrich dem bildhauwer zu Constantz uss einem nussbom so schön gemacht, als jedman sich verwunderte", ergänzen sich die unabhängig voneinander überlieferten Nachrichten zu der Vorstellung, daß 1305 der Hauptaltar Mariens und der Nebenaltar des Evangelisten Johannes mit einander entsprechenden „schönen Bildern" versehen worden sind. Sie müssen großes Aufsehen erregt haben, sonst hätte man den Namen des Meisters nicht in dieser Form vermerkt. Der „süße Stil" französischer Prägung verleiht der Gruppe ihren zarten Liebreiz und hebt sie über die wenig ältere aus Zwiefalten (heute im Museum Cleveland/Ohio) hinaus. Meister Heinrich konnte also schon eine monumentale Gruppe dieses Themas sehen und versuchen, seine im Sinne der Zeit noch „besser" zu gestalten. Vor allem hat er auch ihre Maße gesteigert – sein Werk ist mit 1,31 m Höhe die größte der 14 erhaltenen Gruppen aus dem 14. Jh. in diesem Gebiet. – Nachdem dies neue Werk in St. Katharinental so bewundert wurde, wollten andere Frauenklöster am Bodensee, am Oberrhein und in Oberschwaben nicht zurückstehen und suchten ein ähnliches zu erhalten, zur größeren Ehre des Lieblingsjüngers und Evangelisten, in dem die frommen Frauen das Vorbild sahen, wie sich ihre Seele mit dem Himmlischen Bräutigam vereint.

Sauer, Josef: Mystik und Kunst unter besonderer Berücksichtigung des Oberrheins. In: Kunstwiss. Jahrb. d. Görres-Ges. 1 (1928), S. 3–28.

Pinder, Wilhelm: Die dichterische Wurzel der Pietà. In: Repertorium für Kunstwissenschaft 42 (1920). Wiederabgedruckt in: Wilhelm Pinder, Gesammelte Aufsätze aus den Jahren 1907–1935. Leipzig 1938, S. 29–49.

Wentzel, Hans: Die Christus-Johannes-Gruppen des XIV. Jahrhunderts. 2. Aufl. 1960 (Werkmonographien zur bildenden Kunst in Reclams Universal-Bibliothek Nr. 51).

Krönig, Wolfgang: Rheinische Vesperbilder aus Leder und ihr Umkreis. In: Wallraf-Richartz-Jahrbuch 24 (1962), S. 97–192 (S. 98–110: Zum Stand der Forschung).

Blank, Walter: Dominikanische Frauenmystik und die Entstehung des Andachtsbildes um 1300. In: Alemannisches Jahrbuch 1964/65, S. 57–86.

Haussherr, Reiner: Über die Christus-Johannes-Gruppen. Zum Problem „Andachtsbilder" und deutsche Mystik. In: Beiträge zur Kunst des Mittelalters. Festschrift für Hans Wentzel zum 60. Geburtstag. Berlin 1975, S. 79–103.

Ähnlich verhält es sich mit dem Bild des *Schmerzensmannes,* der *imago pietatis,* wie es im Mittelalter hieß. Es befindet sich auf so vielen Sakramentshäusern und Monstranzen, daß es geradezu zum Etikett der Heiligen Eucharistie geworden ist. Und es gibt, ausgehend von der italienischen Malerei des Trecento, so viele von dem Sakrament unabhängige Andachtsbilder (Skulpturen und Gemälde), daß mehrere Anlässe seine Verbreitung gefordert haben müssen (ältestes datierbares Beispiel: Kanzelpult, wohl von Giovanni Pisano, in Pisa, 1310; eines der schönsten: Gemälde von Meister Francke in Hamburg, um 1420). – Für die Eucharistie und deren seit der Zeit um 1300 mächtig anwachsende Verehrung macht die mittelalterliche Bezeichnung für den Leib des Herrn *Fronleichnam* die Herkunft klar. Das unter diesem Namen bekannte Fest schrieb Papst Urban IV. 1264 für die gesamte Kirche vor, nachdem es schon 1246 in der Diözese Lüttich aufgrund der Visionen der seligen Juliana von Lüttich eingeführt worden war. Die deutschen Diözesen haben es frühzeitig übernommen und unterschiedlich ausgestaltet. Die am Fronleichnamstage abgehaltene Prozession verlieh dem Fest zu Ehren der Eucharistie eine derartige Volkstümlichkeit, daß es die schon früher bekannten Flurumgänge, Wettersegen u. a. mit einbezog. Der Leib des Herrn stand im Mittelpunkt. Solange keine Monstranz gebraucht wurde, um ihn in Gestalt der Hostie allen sichtbar zu zeigen, mußten Pyxiden, Türme, eucharistische Tauben dafür dienen, auch Figuren wie der Auferstandene in Wienhausen (Taf. 19).

Die frühe Einführung des Fronleichnam-Kultes in der Diözese Hildesheim (vor 1301) ist wohl die Ursache dafür, daß hier das Bild des Auferstandenen als figürliche Vorform der Monstranz gewählt werden konnte. Seit dem Jahre 1300 trat die *imago pietatis* an die Stelle des Auferstandenen. Es ist erlaubt, dieses Jahr so genau zu nennen, weil damals zum ersten der Heiligen Jahre unglaubliche Menschenmengen nach Rom pilgerten, um den von Papst Bonifaz VIII. für die Verehrung der Apostelfürsten Peter und Paul verheißenen vollkommenen Ablaß zu gewinnen. Der Pilgerstrom ergoß sich zunächst über die Basilicae majores S. Pietro in Vaticano und S. Paolo fuori le mura, sodann über die beiden anderen Patriarchalbasiliken S. Giovanni in Laterano und S. Maria Maggiore (vgl. VI, 32). Die übrigen Kirchen Roms hatten das Nachsehen, wenn sie nicht besondere Attraktionen für die Pilger bieten konnten. Aus dieser Zwangslage erkläre ich mir die Propaganda der *imago pietatis* (deutsch: Erbärmdebild, Schmerzensmann), die ehemals in der Kirche S. Croce in Gerusalemme verehrt worden ist. Der niederrheinische Kupferstecher Israhel van Mekkenem schuf um 1495 die wohl treueste Reproduktion davon (Taf. 24) und setzte darunter die lateinische Erläuterung: „Dieses Bild ist als Wiedergabe jener ersten imago pietatis gemacht, die in Rom in der Kirche Santa Croce aufbewahrt wird. Der hl. Papst Gregor ließ es wegen der Vision malen, die sich ihm gezeigt hatte." Die Absicht einer

Abb. 11. Die Gregorsmesse. Niederländischer Holzschnitt (um 1460).

Reproduktion macht uns die griechische Überschrift deutlich, die – nicht ganz richtig wiedergegeben – eigentlich heißt: *Der König der Herrlichkeit.* Daraus ist zu schließen, daß es sich bei dem Original um eine griechische Ikone handelte.

Die bekannte *Legende vom hl. Gregor,* dem der Schmerzensmann in der Messe erschien (Abb. 11), stellt anfänglich wohl nur den Versuch dar, dieses im Abendland bis dahin fremdartige Bild zu erklären. Man glaubte außerdem, der hl. Gregor der Große († 604) habe für die Verehrung der *imago pietatis* einen erheblichen Ablaß gewährt, den Papst Urban VI. (1378–89) auf alle Nachbildungen ausdehnte. Durch diese Legende trug die *imago pietatis* mit der Ablaßverheißung zugleich die bildliche Verehrung des Heiligen Leibes durch ganz Europa. Eine neue Form der Frömmigkeit erhielt aus aktuellem Anlaß so das überzeugende Bild. Und die Verehrung des Bildes wurde durch die Ablaßverheißung mächtig gefördert. Die Bilder der Gregorsmesse, in denen der Schmerzensmann dem hl. Papst erscheint (u. a. am Altar in Wienhausen), sind nichts anderes als Ablaßbilder, wie gelegentlich eine Inschrift (z. B. in der Wiesenkirche in Soest) ausdrücklich bestätigt. Die Gregorsmesse fügt die *imago pietatis* in eine Historie ein. Häufig bereichern einzelne Beifiguren (Maria und Johannes, Engel, Gnadenstuhl) oder die Zeichen der Passion *(arma Christi)* das Bild des Schmerzensmannes (auch in ganzer Figur) um weitere Momente der Andacht.

Bertelli, Carlo: The Image of Pity in Santa Croce in Gerusalemme. In: Essays in the History of Art presented to Rudolf Wittkower. London 1967, S. 40–55.

Das *Grabbild Christi,* das seit dem 13. Jh. üblich wurde, war in Texten und Illustrationen nicht minder verbreitet. Die Figur in Wienhausen (Taf. 17 a), kurz vor 1300 geschaffen, ist wohl das älteste erhaltene Beispiel. Es unterscheidet sich von den folgenden Grabbildern durch die gerade, parallel zum Körper liegenden Arme (wie man es von Kruzifixen mit schwenkbaren Armen kennt), während die nachfolgenden Grabbilder die Hände über Kreuz legen. Natürlich ist auch das ein Zeichen; es erinnert an die *imago pietatis,* mehr noch an eine Reliquie, die ebenso oft gerühmt wie in Frage gestellt worden ist, das *Grabtuch Christi* (seit 1578 in Turin). Wer von dem Grabbild in Wienhausen ausgeht, kann die Wirkung nicht übersehen, die dieses Tuch auf jüngere Darstellungen dieses Bildtyps ausgeübt hat. Ebenso läßt sich das Aufkommen des mit nur drei Nägeln an das Kreuz geschlagenen Herrn hiervon ableiten, denn hier ist es, wenn auch mit einiger Mühe, deutlich zu erkennen. Bedauerlicherweise verdunkelte der Streit um die Echtheit des Tuches den Blick für seine Bedeutung, so daß es wie ein Wunder wirkt, wenn ausgerechnet die Naturwissenschaften, insbesondere die Photographie (durch die Umkehrung im Negativ 1898 erhielt die Darstellung des Leichnams plastische Gestalt) sowie chemische und medizinische Untersuchungen, ein Großteil der Phänomene überzeugend erklärte. – Geschichtlich wissen wir sicher, daß sich das Tuch von 1206–1349 in der Kathedrale von Besançon befand. Ältere Nachrichten weisen auf Konstantinopel, wo man es bis zur Eroberung der Stadt durch das Kreuzfahrerheer 1204 im kaiserlichen Palast verwahrte und verehrte. Dort konnte es die Gestaltung der *imago pietatis* bestimmen, die durch das Bild in S. Croce auf das ganze Abendland einwirkte (vgl. die gekreuzten Arme, Wundmale an Kopf, Brust und Händen). Von Besançon aus, der Freien Reichsstadt an der Burgundischen Pforte, lag sein Einfluß besonders auf Deutschland nahe.

Um dieselbe Zeit (1239) gelangte die Reliquie der *Dornenkrone Christi* nach Paris. König Ludwig der Heilige ließ für sie in Paris die Sainte Chapelle errichten und schuf der hochverehrten Herrenreliquie damit den würdigen Kultraum (geweiht 1248). Dieser wurde wegen seiner kostbaren Dekoration und der Auflösung seiner Wände in farbiges Glas frühzeitig bewundert und nachgeahmt. Die Reliquie von der Passion des Herrn dürfte bewirkt haben, daß seitdem die Darstellungen des Gekreuzigten auch am Triumphkreuz eine Dornenkrone tragen, keine Königskrone mehr. Das Grabtuch in Besançon bestätigte dieses Bild, weil es die Blutstropfen an Christi Stirn deutlich wiedergibt.

Dem äußeren Anlaß, dem wir in St. Katharinental die monumentale Christus-Johannes-Gruppe verdanken, läßt sich in Wienhausen ein entsprechender an die Seite stellen: Die Figuren des Auferstandenen (Taf. 19), des im Grabe ruhenden Herrn (Taf. 17 a) und einer thronenden Muttergottes (Taf. 18) wurden um 1290–1300 von einem unbekannten Bildhauer geschaffen. Von 1292–1321 lebte in Wienhausen eine Prinzessin Mechthild aus der Familie der Herzöge zu Braunschweig-Lüneburg, die, jung verwitwet, dem Kloster ein ansehnliches Vermögen überließ. An dem Sarkophag des Auferstandenen trägt ein Grabwächter den braunschweigisch-lüneburgischen Löwen auf seinem Schild (Taf. 19), der wohl an die Prinzessin Mechthild und ihre Stiftung erinnern soll, ähnlich wie die Wappen der Äbtissin Katharina von Hoya an dem von ihr gestifteten Heiligen Grab von 1448 (Taf. 17 b).

Was folgt daraus? – Die geistigen Strömungen der Zeit bilden den Boden, auf dem die Bildkünste neue Blüten trieben: Die spätmittelalterliche Mystik in der Form der *unio mystica* ebenso wie der *Leidensmystik* lenkten das Interesse auf die entsprechenden Themen der Heilsgeschichte sowie auf die zugehörigen Reliquien und Bilder. Weil das Bedürfnis der Gläubigen nach Anschauung drängte und weil sie fähig waren, im Bilde ein Gleichnis der Gottheit zu schauen, wuchs das Verlangen nach Andachtsbildern so stark, daß geringe äußere Anlässe – die es gewiß auch vorher gab – nun zu den neuen ikonographischen Typen führen konnten.

Berliner, Rudolf: Arma Christi. In: Münchner Jahrbuch der bildenden Kunst, III. Folge Bd. 6 (1955), S. 35–152.

Barbet, Pierre: Die Passion Jesu Christi in der Sicht des Chirurgen. Karlsruhe 1953 (zum Turiner Leichentuch).

Wentzel, Hans: Miscellanea I. Das Turiner Leichentuch Christi und das Kreuzigungsbild des Landgrafenpsalters in Stuttgart. In: Neue Beiträge zur Archäologie und Kunstgeschichte Schwabens. Julius Baum zum 70. Geburtstag am 9. April 1952 gewidmet. Stuttgart 1952, S. 40–44.

25. Die Bilder im Kirchenraum

Die Bilder der Gottesmutter, des Kreuzträgers, des Gekreuzigten, der Schmerzensmutter, des im Grabe ruhenden Herrn und des Auferstandenen waren durch den Kult miteinander verbunden. Auch der heutige Betrachter spürt ihren Zusammenhang, wenn die Andachtsbilder in einem Gebäude beieinanderstehen (z. B. im Münster in Freiburg). Die Funktion der Bilder war nur denkbar, wenn auch der Raum im ikonographischen Sinn „funktionierte". In Wienhausen bedecken vier Gewölbe den Nonnenchor. Das östliche stellt den Himmel dar. Dieser wölbt sich über dem Altar, auf dem der Auferstandene thronte. Hinter ihm öffnete ein weiter Bogen den Nonnenchor zu der Gemeindekirche. Auf diesem Chorbogen sind in zwölf Medaillons – wie in den Kalendern – die Arbeiten der Monate gemalt. Sie beziehen sich ebenso auf die Menschen der Gemeinde wie – nach Durandus – auf Christus, den Herrn der Zeit. – Über dem Haupteingang des Chors ist das Kloster dargestellt, daneben Zachäus, der Sünder, der Jesus in sein Haus führt (Lk 19, 1). Heißt das nicht: „Herr, kehre bei uns Sündern ein"? – Am Westende des Chors befindet sich eine enge, niedrige Tür, im Kloster heute noch *Armesündertür* geheißen. Darüber ist Maria Magdalena, die Große Sünderin zu sehen, wie sie Jesus die

Füße salbt (Lk 7, 38). – Es würde zu weit führen, das gesamte Programm der Wandgemälde des Nonnenchors hier aufschlüsseln zu wollen. Gewölbe und Wände sind mit relativ kleinen Bildern von der Erschaffung der Welt bis zum Pfingstwunder in dekorativ wirkendem Rahmen dicht gefüllt. Die sie rahmenden Weinranken sind hier als eine Allegorie des Klosters zu verstehen, da man seinen Namen *Wienhausen* als *Weinhausen* interpretierte.

Wenn in Wienhausen der Auferstandene auf dem Altar wie im Himmel thronte, mußte es so aussehen, als habe er den gesamten Konvent zu sich eingeladen, damit seine Bräute neben ihm Platz nehmen. Ganz so einfach, wie dieser Vorschlag klingt, wurde er nicht durchgeführt, denn man hat die Hierarchie streng beachtet. Dem Altar gegenüber an der Westwand des Chors befand sich der Ehrensitz für die Äbtissin, als einziger durch einen Baldachin ausgezeichnet. Selbst der Äbtissin war das Sitzen im Angesicht Christi nur gestattet, weil neben ihr die Muttergottes mit dem Kinde thronte (Taf. 18), deren Schutz das ganze Kloster unterstellt war. Dank ihrer Vermittlung wurden die Äbtissin und nach ihr der ganze Konvent in dem himmlischen Saal zugelassen. – Das Bild, das der ursprüngliche Zustand des Nonnenchors vermittelt, stellt die erhaltene Figur der Muttergottes zu dem Auferstandenen (Taf. 19) in eine räumliche und ikonographische Beziehung (und bestätigt damit die aus der Stilkritik gewonnene Erkenntnis, daß beide von demselben Meister geschaffen worden sind). Zu den oben geschilderten Beziehungen zwischen dem Auferstandenen und dem Heiligen Grab tritt diese, die die Nonnen gleichsam in ihre Mitte nimmt. Wenn die Figuren die Gottheit *realiter* vertraten, durften sich die Äbtissin und der Konvent dieser Beziehung zwischen Christus und der Gottesmutter, der *Sponsa Dei,* eingeordnet fühlen.

26. Die böhmischen Gnadenbilder und das Problem der Schönen Madonnen

Gnadenbilder werden solche Gemälde und Skulpturen genannt, von denen man glaubte, daß die im Gebet vor ihnen vorgetragenen Bitten in besonderem Maße erfüllt würden. Es ist also Volksglaube, der sie auszeichnet. Der Glaube an ihre wunderbare Wirkung wies ihnen später den höchsten Platz zu, der im Gebäude einer Kirche zu vergeben ist, den Hochaltar. Weil derselbe Glaube auch an ihren Wiederholungen (Kopien) haftete, hat man gerade die berühmtesten Gnadenbilder vervielfältigt, wie am Beispiel der *imago pietatis* bereits gezeigt wurde (V, 24). So merkwürdig es klingt, ein Gnadenbild zeichnet sich also dadurch aus, daß es in vielen Exemplaren vorhanden ist!

Theoretisch läßt sich von jedem Bild eine Gnadenwirkung behaupten. Doch in der Praxis beschränken sich die Gnadenbilder vorzüglich auf die Darstellungen des Gekreuzigten, Mariae als Himmelskönigin und als Schmerzensmutter (Vesperbild). Daß das Bild des Gekreuzigten die höchste Verehrung rechtfertigt, bedarf keiner Erläuterung. Die genannten Bilder der Gottesmutter repräsentieren zugleich Geburt und Tod des Herrn und damit die beiden Höhepunkte des Kirchenjahres, Weihnachten und Ostern, denn das Geschehen des Karfreitags leitet das Osterfest ein. Daß das Bild der Muttergottes mit dem Kinde zunächst zu diesen Hochfesten gehört, muß betont werden, weil die Kirche eine Vielzahl von Marienfesten (u. a. Geburt, Lichtmeß, Verkündigung, Heimsuchung, Himmelfahrt) kennt, für die eine solche Figur natürlich auch die adäquate Darstellung ist, die man mit Blumen, Gewändern (Taf. 21) und Kerzen schmückt. Das heißt: Während die theologische Lehre die Gottesgebärerin meint, hat erst ein volkstümlicher Marienkult dieser Verehrung den Schmuck geschaffen, der dem hohen Sinn vielfältig sichtbaren Ausdruck verleiht.

Der Titel dieses Abschnitts faßt zwei Gruppen von Denkmälern aus der Zeit um 1400 zusammen, die man bisher getrennt voneinander zu untersuchen pflegte, nämlich gemalte Gnadenbilder der Madonna in Böhmen, die zu den schönsten Tafelgemälden des Mittelalters zählen, und Steinplastiken, die wegen ihrer hervorragenden Durchbildung als *Schöne Madonnen* bezeichnet werden. Zu ihnen gehören auch Vesperbilder, die offensichtlich in denselben Werkstätten geschaffen worden sind.

Die Tradition der Vesperbilder reicht kaum über das Jahr 1300 zurück. Die stehenden Figuren der Muttergottes setzen Kathedralskulpturen des 13. Jh. fort. Die *gemalten Gnadenbilder,* meist Brustbilder der Muttergottes, wiederholen Typen der byzantinischen Überlieferung in der Form der italienischen Malerei des Trecento. Diese Gnadenbilder blieben nahezu ausschließlich in Böhmen erhalten, obgleich dieses Land schon in den Hussitenkriegen ab 1419 seinen ersten Bildersturm erlebte, früher und gründlicher als im reformatorischen Deutschland. Es gibt keinen Zweifel, daß die Gnadenbilder nicht nur in Böhmen entstanden, sondern auch eine Besonderheit der Kunstproduktion dieses Landes sind. Wegen ihrer relativ großen Zahl läßt sich ihre Geschichte gut verfolgen: Am Anfang der Reihe stehen Wiederholungen byzantinischer Typen. Das älteste erhaltene böhmische Gnadenbild in Brüx (vor 1350) entspricht dem von der byzantinischen

Hodegetria (VI, 36) angeregten Typ der in Venedig verehrten *Madre della Consolazione* und der *Gottesmutter von Jerusalem*, aber fügt dem Christuskind einen Sperling in die Hände wie die *Madonna del Cardellino* in Florenz. (Dieser Typ blieb ein beliebtes Motiv der böhmischen Gnadenbilder, u. a. in Königssaal, Eichhorn und Kloster Strahow.) – Die sog. *Regenmadonna* von Prag-Wyschehrad folgt dem Typ der italienischen *Madonna del Humilità,* denn die Kirche, für die Erzbischof Johann Očko von Vlašim sie vor 1364 bestimmte, war S. Maria de Humilitate geweiht. – Im Prager Domschatz befindet sich eine kleine auf Pergament gemalte Kopie des sogenannten Lukas-Bildes der Kirche Santa Maria in Ara Coeli in Rom. Sie gilt nach der Tradition als ein Geschenk des Papstes Urban V. an Kaiser Karl IV., der sie 1368 aus Italien mitgebracht habe. Der Meister des Wittingauer Altars lieferte davon eine Wiederholung (Prag, Nationalgalerie). Der Kaiser brachte ferner aus Italien zwei Altarbilder des Thomas von Modena (um 1325–79) mit, die in der Burg Karlstein die Kapellen zieren. – An diesen überlieferten Fakten läßt sich der Einstrom italienischer Kunst belegen und zugleich der Sinn dieser Importe deutlich machen, denn sie wiederholen mit der *Maria Ara Coeli* und der *imago pietatis* hochverehrte römische Gnadenbilder. Da wir von Karl IV. wissen, wie sehr er in mittelalterlicher Weise an Wunder, die Verehrung der Heiligen und ihrer Reliquien glaubte, dürfen wir in ihm auch den Initiator dafür sehen, daß in seinem Kronlande unter seiner Regierung die weltbekannten Gnadenbilder um ihrer Wirkung willen wiederholt worden sind.

Durch Karl IV. und seinen Hof, zu dem auch die Erzbischöfe von Prag gehörten, wurde nur der Grund gelegt. Als 1378 der Kaiser starb, war der Höhepunkt noch nicht erreicht. Die Schönen Madonnen der Skulptur entstanden erst danach in einer Zeit, in der unter Wenzel IV. nicht mehr der Hof allein das Vorbild gab, sondern mächtige Herren, wie die von Rosenberg in Südböhmen, entscheidende Aufträge erteilten. Aber das böhmische Gnadenbild war nun in verschiedenen Varianten geprägt. Jetzt konnte es sich nur um seine Multiplikation und um seine Verfeinerung handeln. Beides kennzeichnet die Kunst in Böhmen um 1400 kurz vor den Hussitenstürmen.

Wer mit K. H. Clasen die schönsten der *Schönen Madonnen* und *Vesperbilder* in Bonn, Thorn, Breslau, Sternberg, Iglau und Krumau (Wien) für die Werke einer einzigen überragenden Bildhauerpersönlichkeit in den Jahrzehnten zwischen 1390 und 1420 hält, konzentriert das Problem auf eine einzige Person, auf einen sogenannten Wandermeister, der Deutschland von Köln bis Thorn durchzog. Diese Ansicht folgt einer Idealisierung des Künstlertums, welche zweierlei übersieht, nämlich die entscheidende Rolle des Auftraggebers und die prägende Kraft der Zentren und der dort tätigen Werkstätten. Mit anderen Worten: Solche großartigen Werke, wie die Schönen Madonnen und Vesperbilder, können nur in einem führenden Kunstzentrum unter dem Einfluß vermögender Auftraggeber entstanden sein. Diese selten glückliche Situation ergab sich in Prag. Die Söhne Peter Parlers († 1399), Wenzel und Johann, führten sein Werk als Dombaumeister und Bildhauer fort. Zwischen ihnen und ihren Angehörigen im Rheinland muß es einen regen Austausch gegeben haben, der nun die neuen Erfindungen aus Prag zurück nach Westen gelangen ließ. Z. B. lieferte kurz nach 1385 ein Mitglied der Prager Hütte, möglicherweise Heinrich IV. Parler, eine Madonna für das Querhaus des Kölner Doms, das damals als Haupteingang diente. Im Spiegelbild ähnelt sie der Schönen Maria in Pilsen (um 1394). Die „Junker von Prag", das sind die Söhne Peter Parlers, schickten 1404 ein nicht erhaltenes Vesperbild nach Straßburg. Sie lieferten ferner dem Veitsdom ein gemaltes Madonnenbild, eines der herrlichen Gnadenbilder aus der Zeit um 1400. Dieses ist den Schönen Madonnen von Thorn und Krumau eng verwandt. – Ein anderes Gnadenbild aus Raudnitz, eine der wundervollen Tafeln des Meisters von Wittingau (um 1385), wird geradezu als eine gemalte Vorstufe der Schönen Madonnen betrachtet. Dies zwingt dazu, die ersten Schönen Madonnen als eine Fortsetzung der gemalten Gnadenbilder nun mit plastischen Mitteln zu betrachten, geradezu als einen Versuch, die kleinen Tafeln mit monumentalen Skulpturen zu übertreffen. Gleichwohl behielten sie deren Feinheit auch in der edlen Gestaltung und Fassung der Oberfläche, was vielleicht auch zu der bis dahin ungewöhnlichen Technik des Schalengusses geführt hat. Die Schönheit, die ihnen den Namen gab, bildet zugleich ihre ikonographische Eigenart, denn sie meint letzten Endes die Schönheit der Muttergottes selbst, wie sie in vielen Texten während des ganzen Mittelalters gepriesen wird. Die Schönheit ist das Zeichen ihrer Reinheit!

MATEJCEK, Antonín, und Jaroslav PESINA: Gotische Malerei in Böhmen. Tafelmalerei 1350–1450. Prag 1955.

SWOBODA, Karl M.: Gotik in Böhmen. Geschichte, Gesellschaftsgeschichte, Architektur, Plastik und Malerei. München 1969.

CLASEN, Karl Heinz: Der Meister der Schönen Madonnen. Herkunft, Entfaltung und Umkreis. Berlin–New York 1974.

HILGER, Hans Peter: Eine Statue der Muttergottes aus dem Prager Parler-Kreis im Dom zu Köln. In: Pantheon 30 (1972), S. 95–114.

27. Private Andachtsbilder

Der Begriff *Andachtsbild,* wie ihn die Kunstwissenschaft auf die mystischen Andachtsbilder beschränkte (V, 24), wird vollends zu eng, sobald man die kleinen Bilder einbezieht, die der einzelne in seinen privaten Räumen – sei es Klosterzelle, Stube oder Kammer – zur Andacht benützte. Hier prägt allein der Zweck die Bezeichnung und macht diese vom Thema ebenso unabhängig wie von Material und Format. Auch die Bezeichnung *Kleines Andachtsbild* trifft nicht zu, weil diese von Volkskundlern und Sammlern für die gedruckten Papierbildchen gedacht war, die in Gebet- und Gesangbücher gelegt oder geklebt worden sind. So formulierte es Spamer in seinem grundlegenden Werk. Darin konzentrierte er den Tafelteil auf die Bildchen des 17.–19. Jh., letzten Endes, weil die älteren als Einblattholzschnitte, Kupferstiche usw. längst in mustergültigen Publikationen vorlagen. Ein flüchtiger Betrachter seines Werks, dem dies entgeht, gelangt dadurch zu der irrigen Ansicht, als sei das sog. Kleine Andachtsbild ausschließlich eine Erscheinung der Neuzeit. Das ist ebenso falsch wie die Beschränkung auf Papier- bzw. Pergamentbildchen. Hundert Andachtsbilder des 13.–17. Jh., die 1953 unter dem Fußboden des Nonnenchors in Kloster Wienhausen gefunden worden sind, haben uns gelehrt, daß Papierbilder zwar die umfangreichste Gruppe darstellen, nämlich Holzschnitte und Kupferstiche, daß Miniaturen und Zeichnungen im 13.–15. Jh. aber auch auf Holz, Leder und Pergament geschaffen wurden. Weiter gehören dazu Reliefs aus Papiermasse, Kleinplastiken aus Zinn, Blei, Holz, Bein, Alabaster und Ton. Reliefs und Kleinplastiken eignen sich natürlich nicht zum Einlegen in ein Buch, ganz abgesehen davon, daß viele Stücke erheblich größere Formate haben. Sie müssen frei aufgestellt, an der Wand aufgehängt oder auch aufgenagelt worden sein. Hierauf weisen Nagellöcher, Schlaufen an den Reliefs und Ösen an den auf Holz aufgeleimten Pergamentbildchen (Taf. 25). Mehrere Stücke sind gemalte Diptychen, die man als kleine Hausaltärchen auf Fensterbrett oder Bord aufstellen konnte, wie es der Mystiker Heinrich Seuse von seinem Bild der *Ewigen Weisheit* berichtet. Überdies tragen mehrere Bilder am Rand Gebetstexte und sogar die Verheißung eines Ablasses (Abb. 3, S. 21).

Die Wiederholung der *Madonna Ara Coeli,* die Kaiser Karl IV. 1368 aus Rom mitbrachte und der Schatzkammer des Veitsdoms in Prag stiftete, charakterisiert die *privaten Andachtsbilder,* wie ich sie nenne, als ebensolche Wiederholungen der Gnadenbilder. In Wienhausen repräsentierte der Auferstandene (Taf. 19) auf dem Choraltar den in Leib und Blut lebendigen Herrn (V, 23). Eine dort gefundene Pergamentminiatur bezieht sich formal auf die Figur, aber weist selbstverständlich direkt auf den Herrn hin, ebenso wie die Miniatur der Himmelskönigin, die formal an die Figur in dem spätgotischen Altar erinnert, auf die Gottesgebärerin selbst. An Christus und Maria wenden sich die vor den Bildern gesprochenen Gebete. Deshalb haben die privaten Andachtsbilder fast die Funktion eines Merkzettels. In der Tat sieht das Holzbrettchen, das eine Miniatur der Himmelskönigin trägt (Taf. 25), wie eine Notiztafel mit Öse aus, gedacht, an einem Nagel an der Wand zu hängen! Ästhetische Qualität war nicht notwendig. Das von den Nonnen selbst fabrizierte Bildchen genügte für diesen Zweck vollauf. Die meisten der bunten, kleinen Malereien bezeichnen wir als Kloster- oder Nonnenkunst, oder – allgemeiner – als Volkskunst des Mittelalters.

Das Problem wäre demnach ein volkskundliches, würden wir nicht in diesen Bildern das Fortsetzen der Hohen Kunst und ihr Vervielfältigen gewahren: Christus am Kreuz zwischen Maria und Johannes, das sog. *Kanonbild* (der Evangeliare), wird um die *Arma Christi*, die Zeichen seiner Passion, vermehrt zu einem privaten Andachtsbild. Um 1330/40 mit dem Pinsel in schwarzen Linien und wenigen lasierenden Farben auf einen Papierbogen gemalt, ist es ein frühes Zeugnis für die Verwendung des Papiers und, weil ein fast gleiches Fragment dasselbe Bild noch einmal darstellt, auch Beweis für die Vervielfältigung solcher Bilder, in diesem Fall wohl durch einen routinierten Briefmaler. Da sieben Motive der in Wienhausen gefundenen gemalten Bilder in mehreren Exemplaren vorliegen (nämlich die Kreuzigung auf Holz und Papier, die Himmelskönigin, das Heilige Antlitz sowie die Papierreliefs der Marienkrönung, der Heiligen Fünf Wunden und des Schmerzensmannes), ist es nicht bloß berechtigt, darin Zeugnisse einer „hauseigenen“ Produktion des Klosters zu bewundern, sondern auch die Vervielfältigung der Kunstwerke in ihrer Wirkung zu bedenken. Die Werke der Graphik, also Holzschnitt, Kupferstich und Metallschnitt, sind doch auch nichts anderes als Vervielfältigungen. Die unschöne Bezeichnung *Devotionalkopie,* die Hans Aurenhammer 1956 für sie fand, meint richtig die Absicht, die dem Herstellen eines solchen Blattes ebenso wie dem Wiederholen eines Gnadenbildes zugrunde liegt: Die Andachtsbilder sind kaum je Neuschöpfungen, vielmehr galt das Wiederholen eines bereits verehrten Bildtyps als oberstes Gebot. Es war wohl die Kunstwissenschaft selbst, die auf der Suche nach den Neuerungen einer Zeit alles aus ihrer Betrachtung ausschied, was einer vergangenen Stilstufe angehört. Damit schrumpfte die Geschichte der

Kunst zu einer übersehbaren Abfolge der Novitäten. Diese Betrachtungsweise ist notwendig, um die großen geschichtlichen Leistungen zu erkennen, z. B. in unserem Falle die Erfindung des monumentalen Vesperbildes und der Christus-Johannes-Gruppe (V, 24). Doch die Gesamtproduktion einer Zeit erfaßt man so nicht. Deshalb kann die Ikonographie nicht umhin, auch nach den vergleichsweise simplen Erzeugnissen zu fragen.

Aus der Werkstatt des Conrad von Soest, des berühmten Meisters in Dortmund, der nach 1400 den dortigen Marienaltar und den Wildunger Altar schuf, stammen kleine Tafeln der *Maria lactans,* Brustbilder der Muttergottes, die das Kind nährt (Taf. 26). Von diesem Bild sind zwei Exemplare bekannt, eines in Dortmund und eines in Bremen, offensichtlich in der Werkstatt des Meisters in Serie gemalt. Das war gewiß kein Einzelfall, denn beispielsweise in Köln kennt man serienmäßig angefertigte Reliquienaltärchen schon um 1320. Das Marienbild des Conrad von Soest wurde alsbald mit einigen Varianten auch durch den Holzschnitt vervielfältigt und dieser Holzschnitt in derselben Technik wiederum kopiert. Die erste Wiederholung – in genau dem gleichen Format wie das Gemälde – ist durch das Übertragen auf den Holzblock, von dem die Drucke abgezogen wurden, seitenverkehrt (Taf. 27); die folgenden stehen wieder seitenrichtig. Was zeichnet den Entwurf des Conrad von Soest aus, daß man ihn wiederholte?

Die Mutter mit dem Kind an ihrer Brust ist so liebevoll geschildert wie bei den Schönen Madonnen. Wie sie ihr Kind nackt darbietet, läßt alle Assoziationen des Leibes Christi zu, die oben im Zusammenhang mit dem Fronleichnam erwähnt wurden (V, 24). Und sie begründen wohl auch, daß Maria ihre Hand mit dem Mantel bedeckt, um den Leib des Herrn nicht direkt zu berühren. Das Mäuerchen, hinter dem die Muttergottes steht, mag an den geschlossenen Garten *(hortus conclusus)* erinnern, der ihre unbefleckte Empfängnis bedeutet. Die Krone ist die der Himmelskönigin. – Der Typ der *Maria lactans* kann aus der Muttergottes des Dom Rupert entwickelt worden sein, die die Pilger in Lüttich verehrten (um 1150). Aber Mäuerchen und Krone fehlen dort. Die unbefleckte Empfängnis wird dagegen in der Umschrift der Madonna des Dom Rupert mit den Worten des Propheten Ezechiel (44, 2) gepriesen: „Dieses Tor soll verschlossen bleiben, und nimmermehr geöffnet werden, niemand soll durch dasselbe gehen; denn der Herr, der Gott Israels, ist durch dasselbe gegangen." Zu den moderneren Zügen in der Tafel des Conrad von Soest kommt – an dem Exemplar in Bremen deutlich zu lesen – im Nimbus der Gottesmutter die Bezeichnung *Salve maria mater misericordiae.* Den Titel *Mutter der Barmherzigkeit* kennt schon die Allerheiligenlitanei von Besançon im 10. Jh. In altdeutschen Liedern der Mystik wird er oft genannt, häufig abgewandelt auch als *Königin der Barmherzigkeit.* Darin schwingt die Vorstellung der barmherzigen Mutter mit, die vor Gott für die sündigen Menschen bittet, sei es im Augenblick des Todes, sei es im Jüngsten Gericht. Die Verbindung zur Milch spendenden Muttergottes sahen schon die Mystiker. Jacobus de Voragine faßte das in dem Satz zusammen: „Maria dat nobis lac pietatis et misericordiae" (= Maria gibt uns die Milch der Liebe und der Barmherzigkeit). Der Gruß des Beters an die Mutter der Barmherzigkeit kennzeichnet die Funktion der Tafel als ein Bild für die private Andacht. Dafür wurde sie vervielfältigt und in Holzschnitten wiederholt.

Seit wann sind derartige private Andachtsbilder möglich? Wodurch sind sie einst entstanden? – Das älteste in Wienhausen gefundene Beispiel ist eine kleine Miniatur auf Pergament mit Maria und dem Jesuskind an der Hand aus der Mitte des 13. Jh. Trotz schlechter Erhaltung läßt sich vor dem farbigen Original die elegante Figuration erkennen, die aus dem Umkreis der Straßburger Kunst des frühen 13. Jh. und deren Ausstrahlungen stammt, die bis Bremen und Magdeburg reichen. Das Thema erkannte Hans Wentzel in einer Reihe von Aufsätzen als die *Kindheit Jesu* – ein für die mystische Verehrung des Jesuskindes bezeichnendes Andachtsbild. Die Miniatur in Wienhausen ist das älteste Beispiel dieses Themas. Sie entstand mindestens ein halbes Jahrhundert v o r den monumentalen Christus-Johannes-Gruppen und Vesperbildern! Also reicht das private Andachtsbild über die klassische Zeit der spätmittelalterlichen Mystik um 1300 zurück und muß wohl mit der ersten mystischen Theologie des 12. Jh. in Verbindung gebracht werden. Schon die Gebete des Bernhard von Clairvaux enthalten Beschreibungen, die bildhaft wirken. Er liebte es, in allen seinen Texten den genannten Gegenstand so zu schildern, daß der Leser diesen wie im Bilde schaut und betrachtet. Damit sprach er den Leser und Zuhörer als Person an und weckte die persönliche Frömmigkeit. Seitdem erlaubt es das individuelle Verhältnis des mündig gewordenen Gläubigen zur Gottheit, überhaupt ein Bild Gottes und seiner Heiligen für die Privatandacht zu besitzen. Deswegen sind private Andachtsbilder seit dem 13. Jh. möglich, seit derselben Zeit, in der auch die Reliquiare geöffnet werden, damit die Heiligen sich in ihren Reliquien sichtbar zeigen und die Gläubigen zur Verehrung auffordern. So hängt das Entstehen des privaten Andachtsbildes mit dem Wandel der Frömmigkeit im Hochmittelalter zusammen.

Grundsätzlich stellen die privaten Andachtsbilder keine anderen Themen dar als die offizielle Bilderwelt der Kirche. Doch in der Menge überwiegen die beiden wichtigsten, der Gekreuzigte und die Muttergottes. Ein kleiner plastischer Kruzifixus gehörte ebenso wie auf den Altar auch in die Klosterzelle oder in den „Herrgottswinkel" des Privathauses. Dort mochte man sich mit einem billigen Zinnrelief begnügen, wie sie Pilger am Wallfahrtsort kauften (VI, 32).

Seit der Zeit um 1300, in der die mystischen Andachtsbilder entstanden, gab es zunächst in den Nonnenklöstern nackte Christkinder (wie heute noch in Santa Maria in Ara Coeli in Rom) und dazu Christkindwiegen. Das Weihnachtsbrauchtum, dem sie dienten, hat sich frühzeitig von der Liturgie getrennt. Im Spätmittelalter sang man z. B. in Kölner Bürgerhäusern zu Weihnachten die Lieder und wiegte dazu das Christkind. (Erst in der Neuzeit verdrängten die kunstvollen Krippenfiguren diesen Brauch.) Die Bildhauer von Antwerpen und Brüssel spezialisierten sich um 1500 auf derartige Christkindfiguren (Taf. 21). In kleinsten Formaten hat man sie überall aus Ton gebrannt oder aus Wachs gegossen. Diese ähneln Spielzeugfigürchen der Zeit – wie auch Andachtstäfelchen bis zum Puppenstubenformat verkleinert worden sind, wohl für die Privatandacht der Kinder.

Der immense Bedarf an Andachtsbildern forderte die Massenproduktion. Ihr verdanken wir die vervielfältigenden Techniken der Graphik, Holzschnitt und Kupferstich. Einer der in Wienhausen gefundenen Holzschnitte mit dem Bild des hl. Christophorus muß in die 2. Hälfte des 14. Jh. datiert werden. Die ältesten Kupferstiche und die Papierreliefs gehören dem 15. Jh. an. Da in den Nachbarklöstern Isenhagen und Ebstorf unter den Chorgestühlen ebenfalls einige Andachtsbilder zutage kamen, ist Wienhausen kein Einzelfall. Ähnliche Stücke gab es einst überall. Der besonders umfangreiche Fund von Wienhausen bot jedoch zum ersten Mal einen Querschnitt durch die gesamte vom 13. bis zum 17. Jh. übliche Produktion.

Die Erfahrung von Wienhausen macht z. T. längst bekannte Nachrichten verständlich, so z. B. wenn aus dem Katharinenkloster in Nürnberg im Jahre 1510 Rezepte für das Herstellen von Papierreliefs mitgeteilt werden; wenn wir erkennen, daß gotische Model aus Stein oder Ton in verschiedene Materialien abgedrückt worden sind – von Marzipan und Kuchenteig bis zu Papier, Metall und Ton; wenn in Lüttich, Utrecht und Köln um 1500 die „Heiligenbäcker" kleine Heiligenfiguren aus Pfeifenton vervielfältigten, oder in der Kartause Wedderen/Westfalen Jodocus Vredis vorzügliche Reliefs aus Ton brannte; wenn wir mit einigem Erstaunen bemerken, daß in Nottingham im 14. Jh. Alabasterreliefs nach festliegendem Schema in Mengen geschnitten worden sind; wenn die zahlreich erhaltenen gotischen Elfenbeindiptychen des 14. Jh. auf in Paris blühende Werkstätten schließen lassen; oder schließlich, wenn die Beginen in Mecheln gegen 1500, längst ehe sie Spitzen klöppelten, aus Seide bunte Kunstblumen wickelten und diese dann zu bezaubernden *Besloten Hofjes* aufbauten. Dieses sind verglaste Schreine mit Figuren der Muttergottes in einem mit einem Tor verschlossenen Blumengarten, die spätmittelalterliche Version des *hortus conclusus*. Die gleichen Kunstblumen haben sie auch exportiert, so daß in Kloster Ebstorf daraus *Paradiesgärtlein* mit vielen Reliquien und Figuren gearbeitet werden konnten. Das Thema, das in der Malerei um 1400 zu einem der liebenswertesten Bilder der Spätgotik führte (Frankfurt) und danach eine Fülle köstlicher Blumenwiesen hervorgebracht hat, wurde durch die Textilkunst der sog. Tausendblumen-Teppiche und die seidenen Blumen ins Volkstümliche gewandelt und verbreitet. Reliquien mit Kunstblumen zu verzieren, blieb in den Klöstern bis in unser Jahrhundert hinein üblich.

Die hiermit angesprochene Vervielfältigung privater Andachtsbilder ist genau das, was Alois Riegl, ausgehend vom spätrömischen Kunsthandwerk, als *Kunstindustrie* bezeichnete. Dafür gelten andere Regeln als für das Entstehen des Kunstwerks. Während dieses ohne Auftraggeber, ohne äußeren und inneren Anlaß (V, 24) von keinem Künstler geschaffen werden kann, wurden die vervielfältigten, in der Masse billigen Bilder „auf Lager" gearbeitet und auf Jahrmärkten oder an Wallfahrtsorten verkauft. Die nahezu genormten Erzeugnisse änderten sich im Lauf der Zeit nur wenig; im Gegensatz zu heutiger Industrie beharrten sie bei den einmal geprägten Typen. Das war notwendig, weil diese Erzeugnisse durch Händler über ganz Europa vertrieben worden sind und jede Bestellung dem vorgelegten Muster entsprechen sollte. Die gewaltige Zahl mußte weiterwirken, denn gegen die durch sie zur Mode gewordenen Typen konnte sich niemand stemmen, auch Brüggemann nicht, als er den Bordesholmer Altar nach der Art der bekannten Antwerpener entwarf (II, 4). So haben Serienerzeugnisse die Gestalt auch der Einzelwerke bestimmt.

SPAMER, Adolf: Das kleine Andachtsbild vom XIV. bis zum XX. Jahrhundert. München 1930.

AURENHAMMER, Hans: Die Mariengnadenbilder Wiens und Niederösterreichs in der Barockzeit, Der Wandel ihrer Ikonographie und ihrer Verehrung. Wien 1956 (Veröff. des Österr. Museums für Volkskunde VIII).

GEISBERG, Max: Geschichte der deutschen Graphik vor Dürer. Berlin 1939.

LEHRS, Max: Geschichte und Kritischer Katalog des deutschen, niederländischen und französischen Kupferstichs im XV. Jahrhundert. I–IX. Wien 1908–34. Nachdruck der 682 Abbildungen: Dover, New York 1969.

Appuhn, Horst, und Christian von Heusinger: Der Fund Kleiner Andachtsbilder des 13. bis 17. Jahrhunderts in Kloster Wienhausen. In: Niederdeutsche Beiträge zur Kunstgeschichte 4 (1965), S. 157–238 (Gekürzt, aber mit Farbabb.: Appuhn: Der Fund vom Nonnenchor. Kloster Wienhausen 1973).

Appuhn, Horst: Maria mater misericordiae. Ein Kleines Andachtsbild der Maria lactans aus der Werkstatt des Conrad von Soest. In: Leonhard Küppers (Hrsg.): Die Gottesmutter. Marienbild in Rheinland und Westfalen. I. Recklinghausen 1974, S. 215–226.

Wentzel, Hans: Ad infantiam Christi. Zu der Kindheit unseres Herrn. In: Das Werk des Künstlers. Hubert Schrade zum 60. Geburtstag. Stuttgart 1960, S. 134–160 (letzter von 5 Aufsätzen zum Thema).

Legner, Anton: Spätgotische Skulpturen im Schnütgen-Museum. Köln 1970.

Arens, Fritz: Die ursprüngliche Verwendung gotischer Stein- und Tonmodel. In: Mainzer Zeitschrift 66 (1971), S. 106–131 (mit 88 Abb.).

Appuhn, Horst: Die Paradiesgärtlein des Klosters Ebstorf. In: Lüneburger Blätter 19/20 (1968/69), S. 27–36.

Behling, Lottlisa: Die Pflanze in der mittelalterlichen Tafelmalerei. Weimar 1957.

Riegl, Alois: Spätrömische Kunstindustrie. Wien [2]1927 (Nachdruck WB 1973).

28. Der Totentanz

Wenn oben von privaten Andachtsbildern als „Merkzettel" gesprochen wurde, gilt dies besonders für das *Memento mori* (= des Todes gedenke), das alle Menschen betrifft. Dieser Gedanke war zu allen Zeiten aktuell, besonders aber für „eine Menschheit, die die Pestepidemien des 14. Jh. über sich hatte ergehen lassen müssen, die Pestepidemien, die seit 1348 die Völker Europas heimsuchten und nicht selten in den Städten bis zur Hälfte aller Einwohner dahinrafften" (H. Rosenfeld). Dieses Erlebnis bildet den unmittelbaren äußeren Anlaß für die Entstehung des Totentanzes. Er hatte die Gestalt eines wirklichen Reigens; jeweils ein Totengerippe zieht einen Vertreter der geistlichen und weltlichen Stände fort. Es war eine Predigt in Bildern, welche die Furcht vor dem jähen, unbußfertigen Sterben widerspiegelt und angesichts der ständig drohenden Gefahr zu rechtzeitiger Buße aufruft. Die monumentalen Darstellungen auf den Kirchhöfen von Basel setzten folgerichtig an Anfang und Ende je einen Dominikaner-Predikanten, denen die Rede sozusagen in den Mund gelegt wird. Zu den Bildern gehört der Text in Versen, mit denen der Tod jeden einzelnen Menschen anredet und dieser antwortet. Von Kaiser und Papst bis zu Ackermann, Bettler und Kind fühlt sich jeder unmittelbar angesprochen – die Aufgabe des privaten Andachtsbildes. Wer den Text nicht lesen konnte, fand doch in der Darstellung sein Vorbild wieder – so wirkte das Bild als die „Schrift der Laien".

Eben weil kein Gnadenbild, kein monumentaler Entwurf nachzuahmen war, erscheinen Texte, Holzschnitte und Wandgemälde ungefähr gleichzeitig um die Mitte des 14. Jh. wie eine von der Pest ausgelöste Memento-mori-Bewegung. Wir können nicht einmal sicher entscheiden, ob die ersten Totentänze in Frankreich oder Deutschland entstanden. Nicht prinzipielle Unterschiede – das Motiv des Tanzes, das Gespräch zwischen Tod und Menschen sind ihnen allen gemeinsam –, lediglich einzelne Attribute trennen die deutschen von den französischen Versionen. Die älteste lateinische Dichtung hält Rosenfeld für deutsch und wahrscheinlich in Würzburg entstanden, wo auch die erste deutsche Fassung beheimatet ist. Zu dem ersten Text gehörten schon, weil dieser darauf verweist, Zeichnungen oder Miniaturen. Also müssen wir uns die ursprüngliche Form der Totentanzdarstellung als Buch oder Bilderbogen denken, wahrscheinlich als einen bis zu 2 m langen Fries, der die Paare in zwei Reihen wiedergibt. Danach entstanden sowohl die Wandbilder, deren ältestes, das erhalten blieb, dasjenige an der Abteikirche in La Chaise-Dieu in der Auvergne ist (um 1460), als auch die Holzschnitte der französischen Version *La Danse macabre* (1460) und der deutschen in einem Heidelberger Blockbuch *Der doten Dantz* (um 1465). Ihnen folgen zahlreiche Ausgaben bis ins 19. Jh. (Abb. 12).

Von den Wandbildern des Totentanzes sind die entscheidenden zerstört, nämlich die im Kreuzgang der Klosterkirche Klingental in Klein-Basel und an der Kirchhofmauer der Dominikanerkirche in Groß-Basel (beide um 1440), sowie der von Bernt Notke wahrscheinlich 1466 auf Leinwand gemalte in der Totentanzkapelle der Marienkirche in Lübeck. (Von diesem blieben 13 Figuren in Reval im – beschädigten – Original erhalten.) So ist es für uns schwierig, die Wirkung eines derartigen monumentalen *Memento mori* zu verspüren. Sie hängt wesentlich von der natürlichen Größe der 50 Figuren ab. Dadurch fühlte sich der Betrachter in den Reigen einbezogen – und gerade das entspricht der Absicht des Bildes. In der Mitte des 15. Jh. war der aktuelle Anlaß ebenso wie um 1350 die Pest. Sie wütete während des Konzils (1431–48) in Basel im Jahre 1439, in Lübeck 1464.

Den Groß-Baseler Totentanz stach Matthaeus Merian d. Ä. 1621 in

Err bischoff ich byn dye der doit Vnd will üch bregen in Lebes noit Vwer bisthum muß sent yr vber geben. Nyt lenger kaiß ich uch leben Kümmet nu myt myt in vwer grap Legent nydder uwern schonen stap Den man uch hait vor getragen Den Wit kan er nyt vertagen

Ot got muß ich dye war heyt sagen Ich wollt das ich alle myne dage Eyn armer monich were gewesen Got gedienet mit syngen vnd myt lesen Von paffen wirt clage uber mych nu komme das ich als viell süß sidia hab genomen Vnd myt gewalt vnder drücket den armen Ach wollt sich got vber myn sele erbarmen.

Der doit

Der bischof

Abb. 12. Der Tod und der Bischof. Holzschnitt aus: der Doten dantz mit figuren, clage und antwort schon, von allen staten der werlt (Heidelberg um 1486).

einer modernisierten Wiedergabe und druckte ihn mit der Beschreibung Basels durch Aeneas Silvius Piccolomini (dem Teilnehmer des Konzils und späteren Papst Pius II., † 1464) sowie erbaulichen Texten aus den Kirchenvätern. Dies beweist nur, daß der Baseler Totentanz auch nach der Reformation ein beliebtes Thema der privaten Andacht blieb. Das bekannteste Werk dieser Gattung schuf Hans Holbein d. J. in Basel in miniaturhaft kleinen Holzschnitten 1523–25 (Abb. 13). Sie wirken

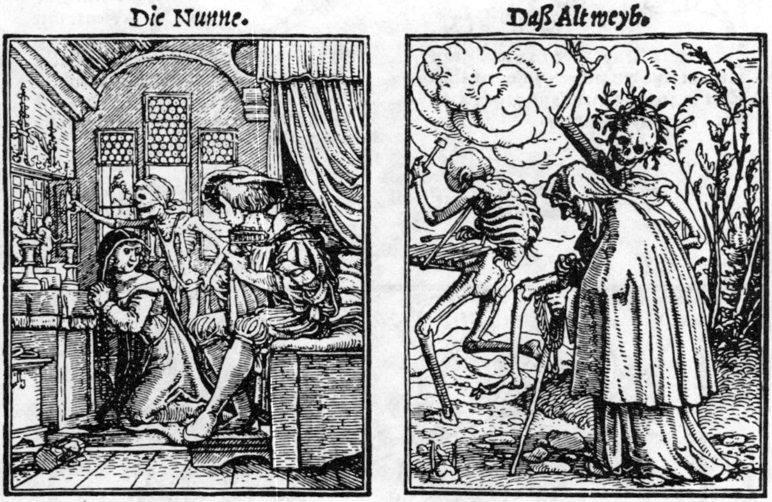

Abb. 13. Hans Holbein d. J.: Aus dem Totentanz (1523–25).

durch eine Fülle von Details wie Verkleinerungen großflächiger Kompositionen. Ihre monumentale Auffassung, auch einzelne Figuren wurden gewiß von dem Wandbild in Groß-Basel angeregt. Im Stil der neuen Zeit gewinnt jedes Bild eine den Betrachter erschütternde Gegenwartsnähe, die das alte Thema trotz des Miniaturformats zu einem der großen Werke für die private Andacht erhebt.

Rosenfeld, Hellmut: Der mittelalterliche Totentanz. Entstehung, Entwicklung, Bedeutung. Köln-Graz ²1968.

Hasse, Max: Bernt Notke. In: Zeitschrift des deutschen Vereins für Kunstwissenschaft 24 (1970), S. 19–60.

Cosacchi, Stephan: Makabertanz. Der Totentanz in Kunst, Poesie und Brauchtum des Mittelalters. Meisenheim am Glan 1965.

VI. EIN GLEICHNIS DES HIMMELS

Ebenso wie die Worte *Himmel, Paradies, Neues* oder *Himmlisches Jerusalem* nebeneinander für den Ort gebraucht werden, an dem der Gläubige mit Christus eins sein wird, haben die Darstellungen des Himmels unterschiedliche Ausprägung erhalten: Das gemalte Bild folgt meistens der Schilderung der Apk 21 und bildet eine quadratische Stadtmauer mit 12 Toren ab, die das Lamm Gottes umschließt. Der Begriff suggeriert die architektonischen Elemente einer festen Stadt. Jedes Kirchengebäude, sogar dessen Teile erhalten in Riten und Texten der Kirchweihe dieselbe Bedeutung, so z. B. das Kirchenportal, ein Rosenfenster der Kathedrale, der Kronleuchter, die Statuen-Baldachine usw. Jedes Bild Christi meint in diesem Zusammenhang natürlich den Herrn des Himmels, das der Muttergottes die Himmelskönigin. Gold und edle Steine, die Johannes (Apk 21, 11) hervorhebt, können denselben Sinn andeuten. – Es ist also ein für die Ikonographie des Mittelalters ungemein komplexer Zusammenhang, aus dem die folgenden Abschnitte nur wenige Beispiele nennen, weil nahezu alle christliche Kunst, unter diesem eschatologischen Gesichtspunkt betrachtet, auf das Neue Jerusalem und den Herrn verweist.

29. Die Kathedrale

Als Erzbischof Konrad von Hochstaden im Jahre 1248 den Grundstein zu dem bestehenden Dom in Köln legte, begann das Domkapitel ein so ehrgeizig großes Werk, daß seine Vollendung erst nach Jahrhunderten erwartet werden konnte. In der Tat blieb es eine Großbaustelle, bis im 19. Jh. seine Vollendung zum Symbol für das Wiedererstehen eines neuen deutschen Reiches ward (der Hoffnung auf die Herabkunft des Himmlischen Jerusalems nicht unähnlich) und deswegen die Mittel für den Weiterbau zu gewinnen waren. Die ikonographische Betrachtung hat sich deshalb auf die in der ersten Bauphase zwischen 1248 und ca. 1332 geschaffenen Teile zu beschränken, d. h. auf den Kathedralchor und seine Ausstattung. Doch auch dieser ist heute einerseits ein Torso, weil ihm die ursprüngliche Bemalung fehlt; andererseits wurde er durch Zutaten verändert, wie durch das Einsetzen mittelalterlicher Scheiben aus anderen Kölner Kirchen in den Kapellenkranz des Chorumgangs, sowie durch zahlreiche Altäre, Grabdenkmäler usw.

Bis auf geringe Reste ist die Bemalung des Äußeren ebenso wie des Inneren verschwunden. Die Reste bezeugen, daß im Innern die Pfeiler und Dienste ockerfarben gestrichen waren, die Blätter der Kapitelle vergoldet, die Gewölbe blau. In den Gewölben sieht man noch große plastische Sterne (aus Zinn), die vergoldet gewesen sind. Die Illusion des nächtlichen Himmels lag dadurch nahe und wegen der Faltung der Gewölbe auch die in der Dichtung gebräuchliche Bezeichnung als *Himmelszelt*. Im Dom setzt diese Interpretation der Gewölbe den Schlußpunkt hinter eine ganze Reihe von Bildern und Zeichen.

Zunächst die Glasfenster. Sie füllen die Wände zwischen den Dienstbündeln in der Breite ganz aus. Oben reichen sie bis an die Gewölbe heran. Im mittleren Chorfenster des Obergadens sieht man die Heiligen Drei Könige, die dem Kind auf dem Schoß der Muttergottes ihre Gaben darbringen. In Köln erhielt diese Epiphanie des Herrn Vorrang vor allen anderen, seit 1164 die Gebeine der Heiligen Drei Könige in den Dom einzogen. Neben den Heiligen Dreien stehen in den übrigen Chorfenstern des Obergadens auf jeder Seite 24 weitere Könige. Sie wurden sicher wegen der Heiligen Könige gewählt. Ihre Namen kennt man nicht; keine Inschrift und kein Attribut kennzeichnet sie. Nur daß sich jeweils ein bärtiger und ein jugendlicher König abwechseln, ist klar zu erkennen. Die älteren werden die 24 Ältesten der Apokalypse sein, die dem Lamm ihre Kronen darbringen (Apk 4, 4 und 10), die jüngeren vielleicht Könige aus dem Geschlechtsregister Jesu, deren Zahl jedoch nicht feststeht (Mt 1).

Die Reihe der Könige erinnert an die Königsfenster in St. Remi in Reims (12. Jh.). Diese stellen ebenso wie die sog. Königsgalerien der klassischen Kathedralen in Paris, Chartres, Amiens und Reims die weltlichen Herrscher Frankreichs dar. Damit setzte man den französischen Königen monumentale Denkmäler, die nur aus der Ansicht der Zeit begründet werden können, daß der mit dem Himmelsöl gesalbte Herrscher eine Weihe erhalten habe, die sein Bild an dieser Stelle rechtfertigt. In Köln, fast hundert Jahre später, unterschied man sorgfältiger. Dort leuchten die Könige im hellsten Licht als eine himmlische Erscheinung. Das Strahlen der Himmelsstadt, von dem Johannes schreibt, hier ist es in den Fenstern sichtbar! Auch die Engel, die am Außenbau über den Strebepfeilern in Tabernakeln stehen, gehören zu dieser Deutung des oberen Domchors.

Das Untergeschoß wirkt dagegen dunkel, weil durch Umgang und

Kapellenkranz die untere Fensterreihe so weit nach außen gerückt ist, daß sie dem Mittelraum kaum Licht bringt. Sie wirkt vielmehr wie eine große Bilderwand hinter einem Wald schlanker Pfeiler. Diese sind es, die den Hochaltar und den Chor wie mächtige Pylonen umringen. An den Pfeilern stehen auf Konsolen die überlebensgroßen Figuren Christi, seiner Mutter und der Zwölf Apostel. Daß die Apostel als Pfeiler der Kirche bezeichnet werden, erklärt wohl ihren Standort, aber nicht den Zusammenhang dieses Figuren-Reigens. Denn Christus und Maria, die seine Mitte einnehmen, sind hier in der charakteristischen Weise des jugendlich schönen Bräutigams *(Sponsus)* und seiner himmlischen Braut *(Sponsa)* gegeben (Hoheslied Salomos). Die Krönung der Braut zur Königin des Himmels vollzieht sich vor den Aposteln als Zeugen jedoch im Himmel. Das bestätigen die Baldachine der Figuren, auf deren Kirchturm-Architektur – einem zum Modell verkleinerten Kürzel des Himmlischen Jerusalems – kleine Engel stehen und musizieren. Der Himmel reicht also tief herab bis nahe über den Hochaltar, auf dem in der Feier der Messe Christus gegenwärtig ist. Andererseits erhebt sich diese Zone über das Chorgestühl, dessen vielfältige Schnitzereien ein krauses Bild der Welt und ihrer Geschichte zeichnen (ähnlich wie später in Cappenberg, s. IV, 16).

Die Schranken zwischen den Chorpfeilern grenzen den Altarraum gegen den Umgang ab. Die auf diesen Schranken über dem Chorgestühl nach 1332 angebrachten Gemälde setzen das Königs-Thema fort mit Bildern zur Geschichte der Heiligen Drei Könige, der Geschichte ihrer Translationen, sowie – darunter, in kleinen Figuren – mit der Reihe der römischen und deutschen Kaiser und Könige. Die irdischen Herrscher beginnen auf der Südseite am Ostende des Chorgestühls, wo einst auf einem Podest in dessen erstem Platz eine Büste des Kaisers Konstantin gestanden hat. (Mit seiner Mutter, der hl. Helena, genießt er in der ehemals römischen Stadt besonderes Ansehen.) Die Nordseite der Chorschranken zeigt entsprechend unter der Legende des hl. Petrus, des Papstes Silvester sowie des Kaisers Konstantin und seiner Mutter Helena einen Katalog der Kölner Erzbischöfe. Auch vor ihnen stand auf einem Podest eine Büste, hier des hl. Silvester. Der weltlichen Herrschaft war also die geistliche gegenübergestellt. Nach der mittelalterlichen Vorstellung verlieh der Herr die weltliche Macht dem Kaiser, die geistliche dem Papst – so stellte es Eike von Repgow im *Sachsenspiegel* dar, der die Rechtsanschauung dieser Zeit wiedergibt. Das Zusammenwirken beider war Grundlage des *Ordo,* der die Welt befriedet.

Im Jahre 1332 war das längst ein Wunschtraum geworden. In Köln konnte man sich jedoch daran erinnern, daß tatsächlich einmal Kaiser und Papst im Dom am Festtag der hll. Peter und Paul 1049 – nämlich Kaiser Heinrich III. und der von ihm erhobene Papst Leo IX. – die ersten Plätze der einander gegenüberstehenden Stuhlreihen eingenommen hatten. Seitdem pflegte man in Köln die deutschen Könige und die Päpste in das Domkapitel aufzunehmen, auch wenn kein Papst mehr nach Köln gekommen ist. Kanoniker vertraten ihre Stelle.

Wie die Büsten des Kaisers Konstantin und des Papstes Silvester in Köln ausgesehen haben, wissen wir nicht, auch nicht, ob sie etwa durch Reliquien geheiligt waren. (Im Domschatz befand sich später eine silberne Büste des Papstes – wohl aus der Spätgotik –, die gewiß eine Reliquie umschloß; doch diese muß keineswegs schon um 1300 vorhanden gewesen sein.) Die Symbolik, welche in der Anwesenheit des ersten christlichen Kaisers und des Papstes liegt, der ihn taufte, ist m. E. anders zu sehen. Nicht diese beiden Heiligen waren im Chorgestühl durch ihre Bildnisse zur Verehrung ausgesetzt, sondern sie sollten Vorbilder sein für die Verehrung des Hauptheiltums, der Gebeine der Drei Heiligen Könige: Konstantin und Silvester leiten den Reigen der Kaiser und der Bischöfe ein, die in den Wandgemälden dargestellt sind. Sie alle werden somit aufgerufen, den beiden Protagonisten zu folgen.

Wenn man diesen Sinn erkennt, wird eine Merkwürdigkeit an der Stirnseite des Dreikönigenschreins verständlich: Der in der Mitte der unteren Reihe thronenden Maria mit dem Christkind nahen sich von links die Heiligen Könige. Den dreien reiht sich als vierter – fast ebenso groß dargestellt – König Otto IV. an. Er stiftete am Epiphanias-Fest des Jahres 1200 den Drei Königen drei Kronen aus schwerem Gold und dazu Gold und Edelsteine, um daraus die Stirnseite des Schreins zu fertigen. Deshalb durfte er das Vorrecht der Stifter beanspruchen, an seiner Stiftung dargestellt zu werden. Das geschah jedoch in der damals durchaus ungewöhnlichen Weise, daß er an der Epiphanie des Herrn unmittelbar teilnimmt, so als gehöre er zu den Heiligen Königen hinzu. Wenn das Bildnis Konstantins schon vorher im Chor gestanden hat, läßt sich dieses Novum auf ein Nachahmen von dessen Beispiel zurückführen.

Daß die Könige und Kaiser sich in der Verehrung der Drei Heiligen Könige zu überbieten suchten, hat einen geistlichen Grund, denn diese Könige waren die ersten, die vor Christus dem Herrn ihre Knie beugten, ihn verehrten, ihre Gaben brachten und dafür gesegnet wurden. Um diesen Segen ging es, denn jeder mittelalterliche Herrscher benötigte ein allgemein sichtbares Zeichen, daß der Segen des Höchsten auf ihm ruhte. Für Otto IV. erschien dieser sichtbare Beweis seines Rechtes um so notwendiger, als er doch zunächst als Gegenkönig des Staufers Philipp von Schwaben erhoben worden war. Erst nach dessen Tod (1208) galt seine Herrschaft unangefochten, bis der französische König ihn 1214 in der Schlacht bei Bouvines besiegte.

Der Segen des Herrn, zunächst gewiß eine Gnade des Glaubens, hatte im Mittelalter sogleich realpolitische Folgen: Der Kölner Erzbischof beanspruchte für sich das Recht, den gewählten deutschen König in Aachen (das in seiner Diözese liegt) zu krönen. Zum Dank pflegte der neue König anschließend Köln zu besuchen und den Dom der Drei Heiligen Könige zu beschenken. Das Recht zu krönen hob ihn über die anderen Fürsten des Reiches hinaus. Das suchte er zu dokumentieren, zumal die Erzbischöfe von Mainz den Kölnern dieses Vorrecht streitig machten.

Die Ikonographie des Kölner Domchors illustriert also Fakten aus der Reichsgeschichte des Mittelalters vor allem in den Besonderheiten, die von der Norm abweichen. Die Fakten waren schon 1164 ungewöhnlich. Daß Kaiser Friedrich Barbarossa seinem Kanzler Rainald von Dassel, dem Erzbischof von Köln, die Gebeine der Heiligen Drei Könige schenkte, nachdem sie in dem eroberten Mailand in seine Gewalt kamen, haben die Zeitgenossen geradezu als Raub empfunden. Heimlich mußte der Erzbischof sie über die Alpen schaffen lassen. Erst von Remagen aus, als kein Überfall mehr zu befürchten war, schickte er Boten nach Köln, daß die Stadt die Heiligen würdig empfange. – Die Kölner haben das gern getan. Denn die Gebeine der Heiligen, das durften sie mit Sicherheit erwarten, verhießen ihnen außer dem Heil für ihre Seele auch materiellen Gewinn durch die zu erwartenden Wallfahrer. Rainald von Dassel hat sicher weitergedacht und gewußt, daß der Erzbischof von Köln nunmehr den in der Sicht seiner Zeit besten Beweis empfing, daß er der „Königsmacher" im Reich war. Daraus ist der Neubau des Doms seit 1248 zu verstehen.

Rode, Herbert: Die mittelalterlichen Glasmalereien des Kölner Domes. Berlin 1974.

Rode, Herbert: Die Chorschrankenmalereien des Kölner Domes als Abbild des Sacrum Imperium. In: Kölner Domblatt 6/7 (1952), S. 20–38.

Achthundert Jahre Verehrung der Heiligen Drei Könige in Köln (= Kölner Domblatt 23/24) 1964.

Kroos, Renate: Liturgische Quellen zum Kölner Domchor. In: Kölner Domblatt 44/45 (1979/80), S. 35–202.

Hammerstein, Reinhold: Die Musik der Engel. Untersuchungen zur Musikanschauung des Mittelalters. Bern–München 1962.

30. Die Deutung der Kirche

Ähnlich realpolitisch klingt zunächst die Geschichte von St. Denis. „St. Denis war der Schrein des Schutzheiligen Frankreichs und des Königshauses, zugleich seit Merowingerzeiten die Ruhestätte der französischen Könige. ... Während der ersten Hälfte des zwölften Jahrhunderts nun wurde St. Denis zu einer Bastion der Politik des Königshauses; von hier nahm die Idee der christlichen Monarchie ihren Ausgang, die die capetingische Vorherrschaft über ganz Frankreich und im ideologischen Sinne sogar über Europa begründete. All das ist sehr wesentlich das Werk Sugers. ... Er war ein Mann von ungewöhnlichen literarischen Interessen und Fähigkeiten. Sein unfehlbares Gedächtnis, seine Kenntnis der klassischen Autoren, vor allem des Horaz und Lucan, waren für seine Mönche nicht weniger erstaunlich als sie es für den modernen Leser sind" (v. Simson). Der Abt schuf durch sein Wirken in St. Denis den Mittelpunkt des Landes, der bisher fehlte, und erhob dessen Titelheiligen, den hl. Dionysius, zum Beschützer des Königreichs. Das Banner von St. Denis, in der Vorstellung des Volkes vermischt mit der Oriflamme des Rolandliedes, also dem mythischen Banner Karls d. Gr., war das Symbol, das der Abt dem König Ludwig VI. übergab. So wurde St. Denis auch zum Hort der königlichen Insignien, insbesondere der Krone.

Zu diesen politisch wirkenden Taten Sugers paßt sein Plan, das alte Kirchengebäude ganz und gar zu erneuern. In der Beschreibung von der festlichen Weihe des neuen Chors 1144 hinterließ er eine sehr detaillierte Deutung des neuen, weitgehend von ihm selbst konzipierten Gebäudes, die beispielhaft auch für Deutschland gilt, da hier keine ähnliche erhalten ist. (*De consecratione ecclesiae sancti Dionysii*, in: Œuvres complètes de Suger, hrsg. von A. Lecoy de la Marche. Paris 1867.) „Die zwölf Säulen, die die hohen Gewölbe des neuen Chores tragen, repräsentieren die Anzahl der zwölf Apostel, während die Säulen im Chorumgang – ebenfalls zwölf – die [geringeren] Propheten bezeichnen" (Panofsky). In einem Gedicht erklärt Suger die Türen des mittleren Westportals, die in strahlenden vergoldeten Bronzereliefs die Passion und Auferstehung oder Himmelfahrt Christi zeigten:

Wer immer du seist, wenn du die Herrlichkeit dieser Tore zu rühmen suchst,
Bestaune nicht das Gold und die Kosten, sondern die Kunstfertigkeit des Werkes.
Leuchtend ist das edle Werk; doch edel leuchtend sollte das Werk
Die Geister erleuchten, so daß sie durch die wahren Lichter hinziehen mögen
Zum wahren Licht, wo Christus das wahre Tor ist.

Auf welche Weise es dieser Welt innewohnt, gibt das goldene Tor zu erkennen:
Der dumpfe Geist erhebt sich zur Wahrheit durch das, was materiell ist,
Und erhebt sich, indem er dieses Licht sieht, aus seinem früheren Untergetauchtsein.

Dieses Gedicht stellt ausdrücklich fest: Das materielle „Leuchten" des Werkes will den Geist der Betrachter durch geistliche Illumination „erleuchten". Außerstande, ohne die Hilfe dessen zur Wahrheit zu gelangen, was materiell ist, wird die Seele durch die wahren, aber nur sinnlich wahrnehmbaren „Lichter" *(lumina vera)* der strahlenden Reliefs zum „Wahren Licht" *(verum lumen)*, Christus, geleitet (Panofsky).

Die Lichtmetaphysik, die diesem Gedanken zugrunde liegt, entnahm Suger dem Werk eines Syrers aus dem späten 5. Jh., das wie kein anderes die mystischen Gedanken des Hochmittelalters befruchtet hat: Dionysius Areopagita, *Hierarchia caelestis* (= Die himmlische Hierarchie. Deutsche Übersetzung hrsg. von Hugo Ball, München-Planegg 1955). Eine Handschrift dieses Buches war in St. Denis vorhanden. Als Kaiser Ludwig der Fromme den damaligen Abt Hilduin beauftragte, alles Material über „unseren besonderen Schutzheiligen", den hl. Dionysius, den Apostel Frankreichs, zu sammeln, gehörte auch dieses Werk dazu. Seitdem wurde Dionysius Areopagita (von der theologischen Forschung als Pseudo-Areopagit bezeichnet) wegen der Gleichheit des Namens mit dem Pariser Märtyrer und Schutzpatron Frankreichs gleichgesetzt. Darüber hinaus hatte schon der Syrer seinem Werk ein besonderes Ansehen verleihen wollen, indem er sich als den Dionysius ausgab, der laut Apostelgeschichte 17, 34 in Athen dem „Paulus anhing und gläubig wurde". Das verschaffte seinem Buch eine Autorität, die derjenigen der biblischen Schriften nur wenig nachstand. Und das erklärt seine Wirkung auf die gesamte abendländische Kunst. Überall, wo neun Engel (bzw. Engelgruppen) erscheinen, darf man darin eine Kurzform der himmlischen Hierarchien des Areopagiten sehen:

I Cherubim, Seraphim, Throne
II Gewalten, Herrschaften, Mächte
III Fürsten, Erzengel, Engel.

Die entscheidende Wirkung ging jedoch von seiner Licht-Metaphysik aus. Was Dionysius Areopagita schildert, wurde in der gotischen Kathedrale Wirklichkeit, als sich ihre Wände zu riesigen Glasfenstern verwandelten. Die Wände begannen blau und purpurn zu leuchten wie die Edelsteine der Himmlischen Stadt. Das Tageslicht, das durch die farbigen Gläser fällt, erscheint so, als sei es greifbar geworden und fülle den ganzen Kirchenraum aus. Dies ist das künstlerisch Neue der Kathedralen. Das Strebesystem, das den Außenbau beherrscht, weshalb es geradezu als das Kennzeichen gotischer Architektur betrachtet werden konnte, entstand aus der Notwendigkeit, den Schub der Gewölbe über Strebebögen abzufangen. Es ist deshalb eine Folge des Kathedral-Lichtes. Nicht die gotische Konstruktion, also die geniale Technik, steht am Anfang des Kathedralbaus, sondern die Idee der im Licht strahlenden Himmelsstadt, deren Abbild er sein soll.

Panofsky, Erwin: Abbot Suger on the Abbey Church of St.-Denis and its Treasures. Princeton 1946 (dt. Übersetzung der Einleitung in: ders.: Sinn und Deutung in der bildenden Kunst. Köln 1975. DuMont Kunsttaschenbücher. 33).

Sedlmayr, Hans: Die Entstehung der Kathedrale. Zürich 1950 (Nachdruck Graz 1976).

Bandmann, Günter: Mittelalterliche Architektur als Bedeutungsträger. Berlin 1951 ([5]1978).

von Simson, Otto: Die gotische Kathedrale. Beiträge zu ihrer Entstehung und Bedeutung. Darmstadt: WB 1968, 2. verb. Aufl. 1972.

31. Die goldenen Schreine

In den Gebeinen der Heiligen, die man aus ihren Gräbern erhob, wurde derjenige verehrt, der die Heiligen gesandt hat. Für den Gläubigen bezeugten sie die Gnade Gottes. Er selbst ist in den Gebeinen lebendig. Deswegen bilden Darstellungen der *Majestas Domini* und der neben ihr thronenden Apostel als Beisitzer des Jüngsten Gerichts die Regel. Diese Erscheinung des Herrn macht den goldenen Schrein zu einem Abbild des Himmels ebenso wie das Kirchengebäude insgesamt und seine Teile. Die Ikonographie des Kölner Domchors (VI, 29) hätte deshalb, statt von den Darstellungen der Obergaden-Fenster auszugehen, bei dem Schrein der Drei Könige beginnen dürfen, genauer bei dem Bilde der Majestas auf dessen goldener Stirnseite.

Die zwischen 1355 und 1414 errichtete Chorhalle in Aachen, die das enge Rechteckchörlein der Pfalzkapelle Karls d. Gr. ersetzt, war wohl von Anfang an dazu bestimmt, den Altar und den Schrein Karls d. Gr. aufzunehmen. Daß die Verehrung des heiligen Kaisers hier einen im Sinne der Zeit besseren Raum erhalten sollte, zeigt die Ikonographie der um 1430, also nachträglich angebrachten Chorpfeilerfiguren. Im Kölner Dom stehen an der entsprechenden Stelle Christus und

Maria zwischen den zwölf Aposteln. In Aachen wurde Christus durch Karl d. Gr. ersetzt, weil über seinem Altar das Bild des heiligen Stifters dieser Kirche neben Maria, ihrer Patronin, nicht fehlen durfte.

Wie in Köln haben auch äußere Gründe in Aachen zu dem Neubau geführt. Aber wir dürfen uns nicht täuschen, sie folgen aus der Verehrung der Heiligen dieses Orts, sei es die Vergrößerung des Chorraums, um bei den Königskrönungen oder für die Pilger mehr Platz zu erhalten, sei es, um dem Geschmack der Zeit zu huldigen, der einen hell verglasten, weiten und hohen Chorraum allein für angemessen hielt. Im Wettbewerb mit dem Kölner Dom konnte das Aachener Münster nicht zurückstehen. Auch die großen Kirchen in Frankreich forderten den Vergleich, ganz besonders die 1248 vollendete Kapelle der französischen Könige, die Sainte-Chapelle in Paris, über deren Altar ein Stück der Dornenkrone Christi aufbewahrt wurde und deren zu Glas aufgelöste Wände eben das Neue und Besondere sind, was der Begriff *capella vitrea* umschreibt. Das alles wirkte zusammen und ist z. T. in bestimmten Ereignissen zu fassen: Die häufigen Besuche Kaiser Karls IV. in den Jahren 1349–1376; seine Krönung, sowie die seiner Gemahlinnen und seines Sohnes Wenzel; die „Goldene Bulle" von 1356, in der Karl IV. Aachen als Krönungsort bestimmte; die Festlegung des siebenjährigen Turnus für die Heiltumsweisung in Aachen. – Wir gehen gewiß nicht fehl, wenn wir annehmen, daß Karl IV. selbst den Anstoß zu dem Bau der Chorhalle gab, um seinen heiligen Vorgänger zu ehren und dessen Grabeskirche so zu gestalten, wie es den Bedürfnissen seiner Zeit entsprach. Er tat ein übriges, indem er eine große silberne Karlsbüste stiftete, die eine herrlich mit Gemmen und Edelsteinen besetzte Krone trägt, vermutlich dieselbe, mit der er sich 1349 in Aachen krönen ließ.

Der Schrein des hl. Kaisers Karl wurde anscheinend nicht gleich nach 1165 begonnen, als Kaiser Friedrich Barbarossa die Gebeine erheben ließ, denn es hat genau 50 Jahre gedauert, bis dessen Enkel, Friedrich II., im Jahre 1214 den Schrein verschloß. In seiner Grundform entspricht er den anderen Schreinen an Rhein und Maas aus dem staufischen Jahrhundert zwischen 1150 und 1250, die wie er aus einem Haus mit Satteldach bestehen. Aber mit acht Arkaden an jeder Seite, wodurch er 2,04 m erreicht, übertrifft er deren Länge beträchtlich, ausgenommen lediglich den 2,10 m langen Dreikönigenschrein in Köln, den größten von allen, der auch durch seine Form eine Sonderstellung einnimmt. So gibt der Karlsschrein schon durch seine Maße den Rang des heiligen Kaisers unmittelbar nach den Drei Königen zu erkennen. Die Zahl der Arkaden an seinen Seiten entspricht der des Oktogons der Aachener Pfalzkapelle und übertrifft somit die sieben Arkaden des Dreikönigenschreins. In den Arkaden thronen nicht Apostel, wie sonst die Regel, sondern Kaiser und Könige, die nach Karl d. Gr. der Stadt Aachen ihre Gunst bewiesen, darunter auch die Herrscher der Zeit, Otto IV. und Friedrich II., denn nach dem Vorgang am Dreikönigenschrein (VI, 29) war das nun möglich. Kaiser Friedrich Barbarossa, der die Gebeine Karls erhob, fehlt jedoch in ihrer Reihe. Dafür hat die beherrschende Gestalt Karls d. Gr. an der Stirnseite des Schreins die Züge Barbarossas angenommen, wie wir sie von der bekannten Bronzebüste in Cappenberg kennen, so daß Barbarossa als der neue Carolus erscheint. Neben dieser durch besondere Größe hervorgehobenen Figur des thronenden Kaisers stehen Papst Leo III. und Erzbischof Turpin von Reims, während über ihr in einer Lünette Christus erscheint, der Herr der Welt, unter dessen Segen der irdische Herrscher regiert. Die Dachflächen geben in Reliefs Szenen aus dem Leben Karls wieder. Unter dem zweiten Giebel thront die Muttergottes zwischen Raphael und Gabriel, darüber Halbfiguren der drei Kardinaltugenden. Zwischen den Arkadenbögen der Längsseiten sieht man je neun kleine Engel – die neun Engelchöre des Dionysius Areopagita (VI, 30).

Der Dreikönigenschrein in Köln weicht noch mehr von der Norm ab, weil er aus drei Schreinen besteht, wobei der dritte über die beiden anderen gesetzt ist, wie die Aufteilung der Rückseite deutlich zeigt. Daraus ergab sich der Querschnitt einer Basilika und die Notwendigkeit, das Programm der Figurenreihen zu verdoppeln, d. h. unter der Reihe der Apostel die Reihe der Propheten anzuordnen. Da seine Länge (nach der Wiederherstellung des Schreins 1961–71 in seinen ursprünglichen Maßen) jedoch sieben Arkaden umfaßt, waren zwischen die Apostel ein Cherub und ein Seraph, zwischen die Propheten die Figuren Salomos und Davids einzufügen. Während letztere als die hervorragenden Könige des Alten Bundes unter den Propheten ihre Berechtigung haben, wirken die Engel zwischen den Aposteln in dem Programm wie eine Notlösung. Sie ist es auch im künstlerischen Sinne, denn in frontaler Haltung thronend dargestellt, spalten sie die Dreiergruppen der Apostel auf. Nach schweren, in der Franzosenzeit erlittenen Schäden verkürzte man den Schrein 1807 um eine Achse und glaubte wohl, ihn damit der Norm von sechs Achsen mit 2 × 6 Aposteln anzugleichen, wie bei dem Servatius-Schrein in Maastricht, dem Heribert-Schrein in Köln-Deutz und dem Anno-Schrein in Siegburg. Im Aachener Marien-Schrein und im Elisabeth-Schrein in Marburg lebt diese Norm fort, obgleich bei ihnen eine Art Querschiffgiebel mit der vergrößerten Figur der Muttergottes bzw. Christi die Arkadenreihe der Apostel in der Mitte unterbricht.

Das Material der Schreine, Gold oder vergoldetes Silber bzw. Kupfer, bedeutet schon ein Gleichnis der goldenen Himmelsstadt. Zwar finden wir daran zahlreiche Edelsteine, auch geschnittene Steine und Bergkristalle, wie sie die Himmelsstadt auszeichnen, aber durchsichtig sind die großen Schreine nicht. Erst gegen Ende des 12. Jh. erscheinen Reliquiare, die das Heiltum hinter Glas oder Bergkristall geschützt zur Schau stellen, damit die Gläubigen wirklich sehen, was sie anbeten. Unter den Schreinen bildet derjenige der Heiligen Drei Könige das erste Beispiel: Noch heute wird am 6. Januar, ihrem Festtage, die trapezförmige Schmuckplatte von der Stirnseite des Schreins abgenommen, und man sieht dahinter die Häupter der Heiligen ruhen. – Den Marienschrein in Aachen hat man nachträglich mit einer Öffnung versehen, um zur Heiltumsschau die Heiltümer daraus entnehmen zu können.

Braun, Joseph: Die Reliquiare des christlichen Kultes und ihre Entwicklung. Freiburg i. Br. 1940 (Nachdruck Osnabrück 1971).

Schulten, Walter, und Richard Hamann-MacLean: Dreikönigenschrein. In: Kölner Domblatt 33/34 (1971), S. 7 u. 43 ff.

* Grimme, Ernst Günther: Goldschmiedekunst im Mittelalter. Form und Bedeutung des Reliquiars von 800 bis 1500. Köln 1972 (DuMont Dokumente).

Rhein und Maas. Kunst und Kultur 800–1400. I/II. Ausstellung Köln 1972.

32. Der Abglanz der großen Wallfahrten

Wallfahrten gab es in der Antike, und es gibt sie heute. Schon der Psalmist fordert auf: „Laßt uns anbeten an der Stelle, an der seine Füße gestanden haben" (Ps 131, 7, nach der Septuaginta). Heute wird es als selbstverständlich angesehen, daß der Pilger, wenn er das Ziel seiner Wallfahrt erreicht hat, sich an dem Ort umsieht, sich seine Sehenswürdigkeiten einprägt. Warum sollte das früher anders gewesen sein? Die verehrten Heiltümer sowie die Kirchen, in denen sie sich befinden, haben häufig eine so eigenartige Gestalt, daß jeder, der sie voller Verehrung sah, in der Erinnerung ihr Aussehen bewahrte. Was lag näher, als dieses Bild mehr oder minder getreu zu reproduzieren, wenn man das Ziel der Pilgerreise auch anderen Gläubigen vor Augen stellen wollte, um ihnen die weite Reise zu ersparen. Dafür haben wir frühe Zeugnisse: Der hl. Konrad, Bischof von Konstanz (934–75) soll aus Jerusalem eine *Visierung des Heiligen Grabes* mitgebracht und danach die erste Kapelle neben dem Konstanzer Münster in halber Größe der Anlage von Jerusalem gebaut haben. – Als Bischof Meinwerk im Jahre 1033 in Busdorf, dicht vor der Stadt Paderborn, ein Kollegiatstift errichtete, schickte er den Abt Wino von Helmarshausen nach Jerusalem. Dieser sollte dort die Maße des Heiligen Grabes und der Grabeskirche aufnehmen, offensichtlich, um sie in Paderborn reproduzieren zu können. Das geschah indessen in sehr freier Weise: Die 1036 geweihte Marien-Kirche in Busdorf und die nach demselben Plan wahrscheinlich um 1100 gebaute Johannes-Kirche auf der Krukenburg oberhalb von Helmarshausen wurden ein Oktogon (bzw. Rundbau) mit kreuzförmig ausstrahlenden Nebenräumen. Dennoch ist nicht daran zu zweifeln, daß eine Wiederholung der Grabeskirche gemeint war, denn in der Rotunde auf der Krukenburg fand man die Nachbildung auch des Felsengrabes. Die augenscheinlichen Differenzen erklärte R. Wesenberg einleuchtend mit der Tatsache, daß Abt Wino die große Rotunde in Jerusalem im Jahre 1033 nur als Ruine, bestenfalls im Stadium des Wiederaufbaus, fand, denn sie war 1009 durch die Araber zerstört worden! Deshalb mag er sich an andere „Kopien" der Grabeskirche gehalten haben, wie z. B. an diejenige in Nyssa.

Ein ähnliches Dilemma finden wir bei zahllosen „Kopien" des Heiligen Grabes im Abendland, davon 45 allein in Deutschland. Ihre „Ähnlichkeit" beschränkt sich mehrfach allein auf den Namen! Den Beschreibungen und Abbildungen, die man hatte (Abb. 14), fehlte die nötige Genauigkeit, um danach bauen oder bilden zu können. Weiter mußte es die Jerusalempilger verwirren, daß sie das Felsengrab des Herrn in einer kleinen, von einer Laterne bekrönten Kapelle fanden, die von einem weiten Rundbau, der Anastasis, überdeckt wird. Welchen von beiden Bauten sollte man zum Vorbild nehmen? Wahrscheinlich hat diese Ratlosigkeit dazu beigetragen, daß die Heilig-Grab-Kapellen im Abendland so unterschiedliche Gestalt erhielten, und mal den einen, mal den anderen, gelegentlich auch beide Bauten nachbildeten. Die Michaelskirche in Fulda (ursprünglich 820–22) und die Kapelle in Drüggelte bei Soest (12. Jh.) erinnern an die Rotunde in Jerusalem, die zierlichen, vielfach durchbrochenen Grabkapellchen im Dom zu Magdeburg und in der heutigen Mauritius-Rotunde am Konstanzer Münster (Taf. 28) (beide 13. Jh.) an das Grab Christi selbst. Diese Kapellchen werden wie in Jerusalem von der größeren Kirche bzw. Kapelle umfangen. Das Heilige Grab in Konstanz erhielt zusätzlich reichen plastischen Schmuck in Gestalt vieler Figuren, von denen die im Innern des Grabes stehenden die Geschichte der Auferstehung

Abb. 14. Erhard Reeuwich: Das Heilige Grab in Jerusalem.
Holzschnitt aus Bernhard von Breydenbach: Die Reise ins Heilige Land.
Mainz 1483.

des Herrn darstellen, nämlich die drei Frauen auf dem Weg zum Grab, den Apotheker, der ihnen die Salben verkauft, die schlafenden Grabeswächter und den Engel, der die Auferstehung verkündigt.

Wie die Weltkarten zeigen (IV, 17), sah man im Mittelalter Jerusalem als das Zentrum der Welt an. Dort war Christus auferstanden. Dort erwartete man in dem Himmlischen Jerusalem seine Wiederkehr. Je stärker sich um das Jahr 1000 der Glaube verbreitete, die letzten Tage der Welt seien nicht mehr fern, desto mehr richteten sich die Blicke dorthin. Im 11. Jh. pilgerten schon Tausende nach Jerusalem, ehe die Kreuzfahrer aufbrachen, die Heiligen Stätten mit Waffengewalt den Moslems zu nehmen und ein christliches Königreich Jerusalem zu errichten. Wie man weiß, blieb das eine historische Episode. Die Wirkung jedoch, die diese auf die Kultur und Kunst des Abendlandes hatte, läßt sich gar nicht hoch genug veranschlagen, weil das Verehren von Christi Grab, um dessentwillen das alles geschah, doch seit je ein Wunsch aller Christen ist. Denn das leere Grab des Herrn ist das Zeichen für seine Auferstehung. So lehren es die drei synoptischen Evangelien, so zeigen es die Darstellungen der Kunst und der Osterspiele (II, 7 und V, 23).

Sicher hat die liturgische Feier, deren älteste Texte schon aus dem 10. Jh. (in St. Gallen und in Limoges) bekannt sind, dazu beigetragen, daß man monumentale Gräber Christi errichtete. Da diese aber unverrückbar das ganze Jahr über stehenblieben, denn sie waren weder wie ein Theaterrequisit wegzuräumen, noch zu verdecken, standen sie dauernd bereit, um von den Gläubigen zur Andacht benützt zu werden, d. h. eine Pilgerfahrt zum Heiligen Grab in Jerusalem zu ersetzen. (Einige von ihnen wurden als Ersatz für eine gelobte Pilgerfahrt gestiftet, wie z. B. dasjenige auf der Krukenburg.) Und das gilt auch für die späteren heiligen Gräber, die sich in der Zeit der Mystik zu einem Wandbaldachin mit eingestellten Figuren (z. B. im Münster zu Freiburg i. Br.) oder einem Sarg mit der Figur Christi im Grabe (z. B. Kloster Wienhausen, V, 24) wandelten. Denn schon das Heilige Grab in der Stiftskirche Gernrode (12. Jh.) veranschaulichte die Geschichte der Auferstehung des Herrn in großen Figuren.

KRAUTHEIMER, Richard: Introduction to an "Iconography of Mediaeval Architectur". In: Journal of the Warburg and Courtauld Institutes 5 (1942), S. 1–33.

KÖTTING, Bernhard: Peregrination religiosa. Wallfahrten in der Antike und das Pilgerwesen in der alten Kirche. Münster 1950 (Forschungen zur Volkskunde. H. 33–35).

REINLE, Adolf: Zeichensprache der Architektur. Symbol, Darstellung und Brauch in der Baukunst des Mittelalters und der Neuzeit. Zürich–München 1976.

WESENBERG, Rudolf: Wino von Helmarshausen und das kreuzförmige Oktogon. In: Zeitschr. f. Kunstgeschichte 12 (1949), S. 30–40.

SCHWARZWEBER, Annemarie: Das Heilige Grab in der deutschen Bildnerei des Mittelalters. Diss. phil. Freiburg i. Br. 1940.

So wie in Jerusalem das Grab des Herrn waren in Rom die Gräber der Apostelfürsten seit dem 3. Jh. das Ziel der Wallfahrt, dazu die in den Patriarchalbasiliken verehrten Heiltümer, nämlich in S. Giovanni in Laterano die Häupter der Apostelfürsten, in S. Pietro neben dem Grab Petri das Veronica-Tuch mit dem Bildnis des Herrn *(Vera icon)* (vgl. VI, 35), in S. Paolo fuori le mura das Grab des Apostels Paulus und in S. Maria Maggiore die Krippe von Bethlehem. Es erübrigt sich, die Größe und Pracht dieser seit dem Mailänder Edikt des Kaisers Konstantin (313) errichteten Basiliken zu preisen. Wichtig, daß aller Schmuck einer kaiserlichen Aula nun dem Herrn des Himmels dient.

So sahen es schon die Zeitgenossen: „Die Kirche ist kein gewöhnliches Haus, ein Himmel auf Erden ist es, denn der Herr wohnt in ihm. In seinem Hause wohnt er und erwartet, daß wir eintreten.“ Diese Anschauung entspricht dem, was wir die *Himmelsstadt* nennen. – Daß die riesigen Basiliken, z. B. mit fünf Schiffen und weit ausladendem Westquerhaus, die Vorbilder für manchen Dombau nördlich der Alpen gewesen sind, ist bekannt, z. B. für die Dome in Fulda (802–19) und Köln (953–65). Sicher wollten deren Bauherrn damit für ihre Kirchen sichtbar den Rang der römischen Basiliken beanspruchen, ohne jedoch mit deren Ausmaßen und deren Reichtum an (antiken) Marmorsäulen, Marmorfußböden oder Mosaiken wetteifern zu können.

Wahrhaft volkstümlich wurde die Wallfahrt nach Rom durch die Einrichtung des Heiligen Jahres. Beissel beschreibt sie so: „Am Abende des 1. Januar 1300 füllte sich in unerwarteter Weise die Kirche des hl. Petrus mit Andächtigen; das Volk erzählte, in jedem hundertsten Jahre sei dort der größte Ablaß zu gewinnen. Als Bonifaz VIII. die Sache untersuchen ließ, fanden sich genügend Beweismittel für eine solche Ablaßverleihung nicht. Weil aber die Zahl der Pilger sich mehrte und jene Erzählung auch in den übrigen Ländern der Christenheit Verbreitung und Glauben gefunden hatte, erließ der Papst am 22. Februar eine Bulle, worin er im Anschluß an den Volksglauben bestimmte, in jedem hundertsten Jahre solle zu Rom nicht nur ein vollkommener, sondern der ‚vollkommenste Ablaß‘ zu gewinnen sein. Die Römer mußten, um desselben theilhaftig zu werden, an 30, die Fremden an 15 Tagen wenigstens einmal des Tages die Kirchen der hll. Petrus und Paulus besuchen. Eine ungeheure Menschenmenge eilte nun nach Rom, das oft an einem Tage 200 000 Pilger in seinen Mauern sah. Auch Deutschland sandte zahlreiche Wallfahrer zu den Gräbern der Apostel.

Schon im Jahre 1350 ließ Papst Clemens VI. das zweite Jubiläum feiern. Um Weihnachten 1349, womit das Jubiläum begann, in der Fastenzeit und um Ostern waren 1 000 000–1 200 000 Pilger in der ewigen Stadt, um Christi Himmelfahrt und Pfingsten mehr als 800 000, im Sommer weniger, aber doch fast stets 200 000; im Herbste sah man wiederum mehr, die besonders aus den deutschen Ländern herbeiströmten. Am Passionssonntage begann man im Vatican das Schweißtuch der hl. Veronika mit dem Antlitz des Herrn zu zeigen, das schon 1300 an allen Freitagen und höheren Festen ausgestellt worden war. Seine Verehrung verbreitete sich seitdem über das ganze Abendland; ja viele Rompilger trugen von da ab ein Bild dieses Schweißtuches als Pilgerzeichen auf ihrem Kleide.“ Und wir dürfen hinzufügen: Sie propagierten damit diesen Typus des heiligen Antlitzes, so daß er in der Kunst überall nachgeahmt wurde (Taf. 29 b).

BANDMANN, Günter: Die vorgotische Kirche als Himmelsstadt. In: Frühmittelalterliche Studien. Jahrbuch des Instituts für Frühmittelalterforschung der Universität Münster 6 (1972), S. 67–93.

BEISSEL, Stephan: Die Verehrung der Heiligen und ihrer Reliquien in Deutschland im Mittelalter. In: Stimmen aus Maria Laach. Erg.-Heft 47, 1890 und 54, 1892. Nachdruck Darmstadt: WB 1976.

PEARSON, Karl: Die Fronica. Ein Beitrag zur Geschichte des Christusbildes im Mittelalter. Straßburg 1887.

Die dritte der großen Wallfahrten des Mittelalters galt dem Grab des Apostels Jakobus im äußersten Nordwesten Spaniens in der Provinz Galicien. „Gleich wie nach Rom, war auch die nach Santiago de Compostela seit alters hochberühmt. Für das alte Ansehen derselben spricht schon die Tatsache, daß im 11. und 12. Jahrhundert erzählt wurde, Karl der Große sei dorthin gepilgert, habe den hl. Jakobus allezeit sehr verehrt und ihm zu Aachen, sowie an anderen Orten Kirchen erbaut“ (Beissel). Zwei der Dachreliefs am Karlsschrein stellen dar, wie St. Jakob dem Kaiser erscheint, und wie dieser den Apostel um Hilfe bittet. Wenn diese Erzählung von Kaiser Karl auch nicht der historischen Wahrheit entspricht, so zeigt sie doch, daß seit dem 11. Jh. die Wallfahrt nach Santiago durchaus üblich war. Nachweislich ist z. B. Heinrich der Löwe, der Sachsenherzog, 1182 dort gewesen.

Wenn Santiago de Compostela auch als ein „westliches Jerusalem“ gefeiert wurde, blieb doch ein wesentlicher Unterschied: Seine Kathedrale entstand erst zu derselben Zeit zwischen 1080 und 1130, in der auch andere Wallfahrtskirchen in Frankreich (u. a. in Tours, Limoges, Conques, Toulouse) gebaut worden sind, die einander im Typ und in vielen Einzelheiten entsprechen. Kingsley-Porter sprach zu Recht von der *romanischen Skulptur der Pilgerstraßen.* Weil diese mit den Haupthandelsstraßen weitgehend übereinstimmen (denn sie verbinden die zentralen Orte miteinander), waren das selbstverständlich auch die Wege, auf denen die Handwerker und Künstler reisten. Der Widerschein, der von dieser Blüte der romanischen Architektur und Plastik nach Deutschland drang, steht jedoch in keinem Verhältnis zu den Zahlen der deutschen Pilger. Das mag viele Gründe haben. Der ikonographische Gedankengang legt es nahe, auf den Mangel des Zieles dieser Wallfahrt zu verweisen, daß das verehrte Grab des Apostels Jakob sich nämlich nicht durch irgendeine besondere Gestaltung auszeichnete, die man hätte kopieren können, so wie man es mit dem Grab Christi tat.

Um so volkstümlicher wurden die Zeichen der Wallfahrt nach Santiago, die Muscheln aus dem nahen Atlantik, auch ihre Nachbildungen aus Blei oder Silber. Sie wurden in Santiago in jeder Preislage angeboten, und die Pilger hefteten sie als Abzeichen an Hut, Mantel oder Tasche, dazu auch kleine Nachbildungen des Pilgerstabs. Die Tracht des Pilgers mit Hut, Mantel, Stab und Tasche kennzeichnet seit dem 13. Jh. Darstellungen des Apostels Jakobus d. Ä. (der Wanderer genannt), auch dann, wenn er in der Reihe der übrigen Apostel erscheint, von denen kein zweiter eine ähnliche Sondertracht erhielt (vgl. III, 13).

Die Werke der Kleinkunst, die auf den Pilgerstraßen – sei es als Mitbringsel, sei es als Handelsgut – nach Deutschland gelangten, lassen sich weder zählen, noch in ihrer Fülle würdigen: Aus Spanien Seiden- und Halbseiden-Stoffe, aus Limoges emaillierte Schreine und Pyxiden, aus Paris Elfenbeinarbeiten und illuminierte Bücher usw. Natürlich wirkten sie hier ebenso vorbildlich wie die Kreuze oder die Ampullen aus dem Heiligen Land. Zu dieser Wirkung zählt auch ihre Ikonographie, die man auf dem Gebiet der Kleinkunst *(artes minores)* mit demselben Recht verfolgen müßte wie an den Werken der sog. Hohen Kunst.

Hell, Vera und Hellmut: Die große Wallfahrt des Mittelalters. Kunst an den romanischen Pilgerstraßen durch Frankreich und Spanien nach Santiago de Compostela. Tübingen. 2. Aufl. 1973.

Kingsley-Porter, Arthur: Romansque Sculpture of the Pilgrimage Roads. 10 Bde. Boston 1923.

Schmidt, Heinrich J.: Alte Seidenstoffe. Braunschweig 1958 (Bibliothek der Kunst- und Antiquitätenfreunde. X).

Gauthier, Marie-Madeleine: Émaux du moyen âge occidental. Fribourg 1972.

Koechlin, Raymond: Les ivoires gothiques français. I–III. Paris 1968 (Nachdruck).

In Deutschland war während des Mittelalters Aachen das hervorragende Ziel der Pilger. Seit 1349 zeigt man ihnen dort alle sieben Jahre die sonst im Marienschrein verwahrten sog. Großen Heiltümer, nämlich das Kleid der Muttergottes aus der Heiligen Nacht, die ersten Windeln des Herrn, das Lendentuch von seiner Kreuzigung und das Tuch, in dem das abgeschlagene Haupt Johannes des Täufers lag. Diese vier textilen Reliquien soll schon Karl d. Gr. aus Byzanz erhalten und in seiner Kirche zur Verehrung empfohlen haben. Wir können nicht prüfen, ob diese Überlieferung stimmt, zumal vor dem 13. Jh. Reliquien nicht außerhalb ihres Gehäuses gezeigt zu werden pflegten, wie es noch 1215 die 12. Allgemeine Synode im Lateran vorschrieb. Deshalb kam es leicht dazu, daß man nicht mehr präzis angeben konnte, was sich in einem verschlossenen Reliquiar befand, wenn es nicht durch Inschrift oder besondere Form (wie z. B. die Sandale des hl. Andreas in Trier) gekennzeichnet war. Anfänglich war wohl nur wichtig, daß man die Reliquien dort wußte. Karls Nachfolger, Ludwig der Fromme und Karl der Kahle, konnten Teile daraus u. a. dem Kloster Corvey und der Kirche St. Denis schenken. Ehe im Jahre 995 Ansfried zum Bischof von Utrecht erhoben wurde, „reiste er nach Aachen und betete zur Herrin der Welt". Wenn Thietmar von Merseburg das in seiner Chronik (1012–18 geschrieben) erwähnt, ohne eine Begründung für nötig zu erachten, muß ihm das Besondere dieses Ortes bereits selbstverständlich gewesen sein. Möglicherweise war damals schon eine Skulptur der Muttergottes – wie in Essen – aufgestellt. Die Aachener Pilgerzeichen des 14. und 15. Jh. bilden sie allerdings – wie zu jener Zeit üblich – thronend ab, während die heutige Figur aus dem 14. Jh. sie stehend zeigt.

Zahlreiche Nachrichten von den Pilgerfahrten des Spätmittelalters berichten von den Menschenmengen, die sich während der 14 Tage um den 17. Juli, dem Kirchweihtag, in Aachen drängten. Das Getöse der Tonhörner, mit dem die Pilger die Weisung der Reliquien begrüßten, muß für heutige Ohren schauerlich geklungen haben. Die Menge war so groß, daß eine Zeigung in oder vor der Kirche unmöglich wurde. Am Westturm baute man eine Galerie aus und zeigte die Heiltümer in der Höhe. Die Pilger sahen die verehrten Stücke also nur aus erheblicher Entfernung. Und doch genügte das vollauf, wie eine eigentümliche Änderung des Aachener Pilgerzeichens deutlich macht: Der Darstellung der Muttergottes und des von ihr getragenen Kleides fügte man ein leeres rundes Feld mit einem Spiegelchen hinzu. Dieses Zeichen hielten die Pilger hoch, damit der Spiegel den Abglanz der Heiltümer aufnahm. Den darin eingefangenen Segen nahmen sie mit nach Hause! Ein heidnisch zu nennender Spiegelzauber formte also das Pilgerzeichen um und gab ihm hinfort seinen Namen. Auch Johannes Gutenberg versuchte 1438 in Straßburg solche „Aachener Spiegel" in Massen herzustellen, um sie zur Heiltumsschau zu vertreiben. Davon hat sich kein Stück erhalten, weil die aus Gründen der Sparsamkeit dünnen Gittergüsse aus einer Blei-Zinn-Legierung ungemein zerbrechlich waren. Aber wir kennen trotzdem ihre Gestalt aus Abgüssen auf den Mänteln von mehr als 90 Glocken. Auch dem liegt eine abergläubische Vorstellung zugrunde, die der Volksglaube von alters her dem Glockenklang zuschrieb, nämlich eine apotropäische Wirkung, die Unwetter oder Dämonen bannt. Bezeichnend dafür ist, daß das gleiche Pilgerzeichen häufig viermal auf einer Glocke erscheint, so daß es in jede der vier Himmelsrichtungen weist. – Die künstlerische Ausführung vereinfacht die Zeichen häufig zu einer nahezu unkenntlich gewordenen Abstraktion, wirklich zu einem Zeichen. Damit nähern sie sich solchen Erzeugnissen der Volkskunst, die sich mit dem Zeichenhaften begnügen. In dem abgebildeten Beispiel (Abb. 15) des 14. Jh.

Abb. 15. Pilgerzeichen von Aachen (14. Jh.).

aus Aachen (Höhe 6,7 cm) erkennt man nur mit einiger Mühe in dem großen Medaillon die thronende Muttergottes unten, sowie das Kleid Mariens, das zwei Geistliche oder Engel an einer Stange über ihr halten, sowie oben in gesondertem Rahmen den Gekreuzigten, zu seinen Seiten Maria und Johannes. Damit ist das Lendentuch gemeint, das zweite der drei Großen Heiltümer von Aachen. Wer genauer hinsieht, findet das dritte Große Heiltum über der Stange mit dem Marienkleid in Gestalt vom Rahmen herabhängender Tücher. Das sind die Windeln Jesu. Weil diese Reliquien die Form von Gamaschen haben, kam in Aachen die Vorstellung auf, Josef habe sie sich ausgezogen, um Windeln für das Christkind daraus zu machen! Und weil diese Gamaschen damals als Hosen bezeichnet wurden, gelangten „Josefs Hosen" in die Ikonographie des Weihnachtsbildes der Spätgotik! Die volkstümliche Auslegung wirkte also auf die Kunst zurück.

Daß es in Aachen auch gedruckte und illustrierte Pilgerführer gab (ähnlich wie in Wittenberg und Halle, s. III, 9), sei am Rande erwähnt. Eine Besonderheit sind die Pilgerflaschen aus Steinzeug, die laut Inschrift dazu bestimmt waren, heiliges Wasser aus Aachen darin mitzunehmen (ähnlich wie im 6. Jh. aus Palästina, vgl. die in Monza erhaltenen Blei-Ampullen). Ganze drei leicht voneinander abweichende Exemplare blieben erhalten (Taf. 29 a; Höhe 17,1 cm). Auf der Vorderseite weist ein Engel das Mariengewand auf der Stange mit Josefs Hosen über dem Doppeladler-Wappen von Aachen. Auf der Rückseite erscheinen die Büsten der hll. Cornelius und Servatius über den Wappen von Kornelimünster und Maastricht, den dicht bei Aachen liegenden weiteren Wallfahrtsorten, die von vielen Pilgern anschließend aufgesucht wurden. Die künstlerische Qualität der Reliefs und ihre reich ornamentierten Rahmen sprechen dafür, daß ausgezeichnete Kleinbildhauer die Formen schnitten. Wahrscheinlich haben Kölner Töpfer in der Zeit um 1500 diese Flaschen hergestellt.

Stephany, Erich: Heiligtumsfahrt. In: Rhein und Maas. Kunst und Kultur 800–1400. Köln 1972, S. 124–145.

Köster, Kurt: Mittelalterliche Pilgerzeichen und Wallfahrtsdevotionalien. Ebenda S. 146–160.

De Coo, Jozef: „In Josephs Hosen Jhesus gewonden wert“. Ein Weihnachtsmotiv in Literatur und Kunst. In: Aachener Kunstblätter 30 (1965), S. 144–184 und 43 (1972), S. 249–261.

Schnitzer, Barbara K.: Drei Pilgerflaschen zur Aachener Heiltumsfahrt. In: Keramos 76 (1977); und Rolf Fritz, ebenda 14 (1961).

33. Die Pfalzkapelle

Wenn sich zur Zeit der Heiltumsfahrt die Pilgerscharen um den Aachener Dom (wie er heute heißt) drängen, bleibt kaum die Muße, das Bauwerk und die Kunstwerke zu bewundern, die sich darin befinden. Die Schönheit des Gebäudes und der Kostbarkeiten kann man nur bestaunen. Die Vollkommenheit des Oktogons, seiner Rundbogenarkaden und der darin eingestellten Marmorsäulen, der Glanz von Gold und Edelsteinen, die Lichter des Kronleuchters – diese Pracht schafft schon die Illusion des Himmlischen Jerusalems, des kommenden Paradieses. Ohne alle Einzelheiten beschreiben zu wollen, läßt sich das an einigen Inschriften und Daten ablesen.

Unter dem vorkragenden Gesims, welches das Untergeschoß abschließt, umzieht eine Inschrift das ganze Oktogon. Sie spricht von

Zahl und Maß, die in jeglichem Teil übereinstimmen, und ruft Gott an, daß er den von Karl erbauten Tempel beschütze. Zahl und Maß beschreiben Grundriß und Aufriß der um 800 von Karl dem Großen vollendeten Teile in der Tat so genau, daß L. Hugot danach den seitdem mehrfach veränderten Westturm in seiner ursprünglichen Gestalt rekonstruieren konnte. Dasselbe Maß, das Johannes in der Apokalypse (21, 17) für die Himmlische Stadt nennt, liegt auch der Pfalzkapelle zugrunde: 144 Fuß bzw. Ellen (zu 33,3 cm). Ein Zwölftel davon, nämlich 12 Fuß (= rund 4 m), ist die Einheit oder der Modul, der an vielen Teilen nachgeprüft werden kann. Wie in Salomos Tempel beherrscht das Zwölfer-System den ganzen Bau, d. h. die Zahl der Apostel, der Propheten der Kirche u. a. m., auch der Tore der Himmlischen Stadt (Apk 21, 21). Wie wichtig das genommen wurde, belegt Salomo im Buch der Weisheit (11, 21 bzw. 22): „Du hast alles geordnet nach Maß, Zahl und Gewicht." An diesen Text erinnert die Inschrift im Oktogon. Das ist die Grundlage für den – wir würden sagen: mathematischen – *Ordo* des Mittelalters. Diese auf Augustin zurückzuführende Theorie des Schönen, die er an der Harmonie der Töne erläutert, würden wir säkular als eine Proportionslehre mißverstehen, wenn wir nicht in dem Begriff des *Ordo*, von dem sie sich ableitet, das von Gott gesetzte Maß der Welt erkennen müßten.

Außerdem ist zu bedenken, daß mehreren in der Bibel vielfach genannten Zahlen (z. B. 3, 4, 6, 8, 12, 16) bestimmte, in einen Kreis zu zeichnende geometrische Figuren entsprechen, denen in der Praxis des Architekten grundlegende Bedeutung zukommt. Im Bau der Pfalzkapelle in Aachen spielen sie in solchem Maße eine Rolle, daß alle Versuche, das Gebäude von bestehenden oder vergangenen Vorbildern abzuleiten, sei es in Ravenna (San Vitale) oder der Lombardei, sei es in Byzanz, letztlich scheiterten.

Was Karl d. Gr. durch seinen Baumeister (Odo von Metz?) hier schuf, wirkt so vollkommen, so aus einem Guß, daß die geniale Idee uns noch heute unmittelbar anspricht. Das wiegt um so schwerer, als diese Kirche in einem Land entstand, das damals nur wenige monumentale Steinbauten besaß. Ein großer Teil der Quader stammt aus römischen Ruinen. Marmorsäulen und -kapitelle wurden aus Ravenna und Rom herbeigeschleppt. Die Steinmetzen und Maurer müssen von Karl aus der Lombardei angeworben worden sein, ebenso die Bronzegießer, welche die Gitter und Türen schufen. Keine Architektur-Phantasie allein kann gereicht haben, um aus derart heterogenen Spolien und der Arbeit gemieteter Fremdarbeiter einen so einheitlichen Bau zu schaffen. Hier stand die Idee am Anfang, in der Pfalz zu Aachen die geistige Mitte des Reiches zu schaffen. Der achteckige Zentralraum ist deren Gleichnis, indem er, nach acht Seiten gleich, gleichmäßig in alle Richtungen ausstrahlt; indem er die verschiedenen Funktionen zugeordneter Geschosse miteinander verbindet; und indem er durch die (früher vorhandene) Darstellung des Lammes im Scheitelpunkt der Kuppel, dem die 24 Ältesten der Apokalypse ihre Kronen darbringen, zum irdischen Abbild der Himmelsstadt wurde.

Hugot, Leo: Die Pfalz Karls des Großen in Aachen. Ergebnisse einer topographisch-archäologischen Untersuchung des Ortes und der Pfalz. In: Wolfgang Braunfels und Hermann Schnitzler (Hrsg.): Karolingische Kunst. Düsseldorf 1965 (Karl der Große. Lebenswerk und Nachleben. III), S. 534–572.

Meyer, Heinz: Die Zahlenallegorese im Mittelalter. Methode und Gebrauch. München 1975 (Münstersche Mittelalter-Schriften. 25).

Die Bedeutung dieses einmaligen Kirchengebäudes für Zeitgenossen und Nachfahren erkennt man an seinen Nachahmungen. Eine absolut zuverlässige Kopie gibt es jedoch ebensowenig wie von dem Grab des Herrn (VI, 32). Am nächsten kommen die Kapelle in der Pfalz zu Nimwegen und die Kirche in Ottmarsheim im Elsaß, wenn auch in reduzierten Maßen. Die Westempore des Münsters in Essen wiederholt lediglich drei Seiten des Achtecks, das Westwerk in Corvey erinnert nur in der Gliederung der Emporen an das Vorbild. Natürlich waren die kaiserlichen Pfalzen sowie die reichsfreien Abteien und Stifte zugleich die Orte, an denen der im Reich umherziehende Herrscher vorübergehend wohnte, richtiger residierte. Allein, bis heute fehlt der sichere Nachweis, daß der Herrscher in den sog. Westwerken dieser Kirchen einen festen Thronsitz vorfand, so wie es der sog. Thron Karls des Großen auf der Empore in Aachen ist. Die praktische Benutzung dieser Bauten durch den König bzw. Kaiser ist nicht gesichert. Sie heißen vielmehr Engelkirchen oder werden – wie in Corvey so auch in Aachen (dort der Raum hinter dem Karlsthron) – als Ort der Taufe bezeichnet. Eine Inschrift hoch über dem Westportal in Corvey dient gleichsam als Etikett: „Civitatem istam tu circumda Domine / et angeli tui custodiant muros eius = Umgürte du, Herr, diese Stadt / und laß Deine Engel ihre Mauern bewachen.“ Die Inschrift erinnert an die Beschreibung der Himmlischen Stadt durch Johannes (Apk 21, 12). Das Gebäude der Kirche *(civitas)* wird mit der Himmelsstadt gleichgesetzt.

Die Architektur ist also Zeichen. Und dieses erfährt unterschiedliche

Interpretationen, je nachdem, in welchem Zusammenhang es gerade gesehen wird. Wenn in einer kaiserlichen Pfalz das Modell von Aachen wiederkehrt, bedarf das keiner Begründung, es ist Zeichen für Pfalz. In Essen zeigen die drei Seiten des Oktogons von der Empore des Damenstifts an, daß dieses als reichsfreie Stiftung nur dem Kaiser untertan war. In Corvey konnte das Westwerk dem Kaiser, wenn er sich dort aufhielt, wohl als Pfalzkapelle dienen. Aber überliefert ist – wie angedeutet – nur die Benutzung als Taufkapelle und Engelempore, auf der die Chorknaben sich zum Gesang der Engel aufstellten. Deshalb die Bezeichnung als Engelchor und – durch die Inschrift – der Hinweis auf die Himmelsstadt.

Daß dieselbe Architektur verschiedene Inhalte bezeichnet, hat seinen Grund in der geistlichen Weihe des Königs und Kaisers. Er wird *Vicarius Dei* genannt, ein Stellvertreter des Höchsten, und regiert das Reich an Christi Stelle. Die Texte der Krönungs-Ordines sagen das eindeutig. Und die Ikonographie der (in Wien erhaltenen) Reichskrone illustriert das durch den Bezug auf die Könige des Alten Testaments (Salomo, David, Ezechias = Hiskia) und durch das Bild des thronenden Herrn zwischen zwei Seraphim unter der Inschrift „Per me reges regnant = Die Könige regieren durch mich." Der König wird dadurch zum Typus Christi. Wenn er in die Kirche einzieht, ist das gleichbedeutend mit dem Einzug des Herrn. Aus dieser geistlichen Bedeutung des Königtums müssen wir es verstehen, daß die Engel dem König dienen wie ihrem Herrn. St. Michael, der Erzengel, der so viele Tore und Mauern bewacht, der die Seelen wägt und zum Himmel geleitet, ist in der Vorstellung des Mittelalters als Anführer der himmlischen Heerscharen im Kampf gegen die Mächte der Finsternis (Apk 12, 7) auch derjenige, der das Heer des Königs sicher führt. St. Michael verbindet dadurch die unterschiedlichen Deutungen der wehrhaft wirkenden Westbauten (Westwerke) miteinander. Was uns wie ein unzulässiges Verknüpfen allzu verschiedener Gegenstände vorkommen könnte, wurde im Mittelalter durch ihn als Einheit angesehen. Als Friedrich Barbarossa wahrscheinlich 1157 dem Aachener Münster einen großen Kronleuchter für 48 Kerzen stiftete, ließ er an dessen Mittelplatte unter der großen Kugel, die den ganzen Leuchter trägt, das Brustbild Michaels anbringen. Schon der Goldene Altar in Aachen aus der Zeit um 1000 hob ihn hervor, da in dessen Mitte – statt Maria und Johannes der Täufer – Maria und Michael den thronenden Herrn umrahmen. Diesem Goldaltar fehlt leider die erläuternde Inschrift, aber an Barbarossas Leuchter ist sie voll erhalten. Sie faßt das hier Gesagte zusammen. Übersetzt lautet sie:

Das Himmlische Jerusalem wird bezeichnet durch dieses Bild: Die Erscheinung des Friedens und damit die sichere Hoffnung der Ruhe für uns. Jener Johannes, durch Christi Gnade der Verkünder des Heils, sah die vom gestirnten Äther herunterschwebende Stadt, welche die Patriarchen, die Propheten und endlich die Kraft apostolischen Lichtes durch Lehre und Leben gegründet hat, in reinem Golde glänzend und von Edelsteinen erstrahlend. In diese Heimat bringe uns durch (deine) Bitten, milde Maria!

Der katholische Kaiser der Römer, Friedrich, hat, indem er den Klerus zwang, bei der Gestaltung (des Leuchters) die Zahl zu beachten – nach des Tempels Richtlinien nimmt seine Stiftung die Form an –, das königliche Geschenkopfer dieser achteckigen Krone, selbst ein frommer König, der frommen Maria gelobt und abgestattet. Daher, o Meerstern, hellster unter hellen Sternen, nimm auf den demütig bittenden, schenkenden Friedrich, zusammen mit ihm seine Mitherrscherin Beatrix.

Verbeek, Albert: Zentralbauten in der Nachfolge der Aachener Pfalzkapelle. In: V. H. Elbern (Hrsg.): Das erste Jahrtausend. Kunst und Kultur im werdenden Abendland an Rhein und Ruhr. Textbd. II. Düsseldorf 1964, S. 898–947.

Verbeek, Albert: Die architektonische Nachfolge der Aachener Pfalzkapelle. In: Wolfgang Braunfels und Percy Ernst Schramm (Hrsg.): Karl der Große. Lebenswerk und Nachleben. IV. Das Nachleben. Düsseldorf 1967, S. 113–156.

Decker-Hauff, Hannsmartin: Die „Reichskrone", angefertigt für Kaiser Otto I. In: Percy Ernst Schramm: Herrschaftszeichen und Staatssymbolik. Beiträge zu ihrer Geschichte vom dritten bis zum sechzehnten Jahrhundert. II. Stuttgart 1965 (Schriften der Monumenta Germaniae Historica. 13/II), S. 560–637.

Staats, Reinhart: Theologie der Reichskrone. Ottonische „Renovatio Imperii" im Spiegel einer Insignie. Stuttgart 1976 (Monographien zur Geschichte des Mittelalters. 13).

Kreusch, Felix: Zur Planung des Aachener Barbarossaleuchters. In: Aachener Kunstblätter 22 (1961), S. 21–36.

34. Die Klosterkirche

Von St. Michael in Hildesheim, der Kirche des von Bischof Bernward gegründeten Benediktiner-Klosters, wissen wir den Baubeginn durch das Datum der Grundsteine 1010. Nachdem die Zerstörung im Jahre 1945 nur die Außenmauern übriggelassen hatte, wurden beim Wiederaufbau alle Zutaten und späteren Änderungen beseitigt und die Kirche geradezu nach Bernwards Plänen rekonstruiert. Die Außenansicht von Südosten gibt, mit Ausnahme des gotischen Seitenschiffs, die ursprüngliche Gestalt wieder, nämlich das symmetrische Gebilde einer Basilika mit zwei Chören, zwei Vierungstürmen, zwei Querschiffen und (an deren Stirnseiten) insgesamt vier Treppentürmen. Das mutet in seiner Einfachheit überzeugend an. Wie kompliziert dieser Bau trotzdem ist, wird dem Betrachter im Inneren (Abb. 16) klar,

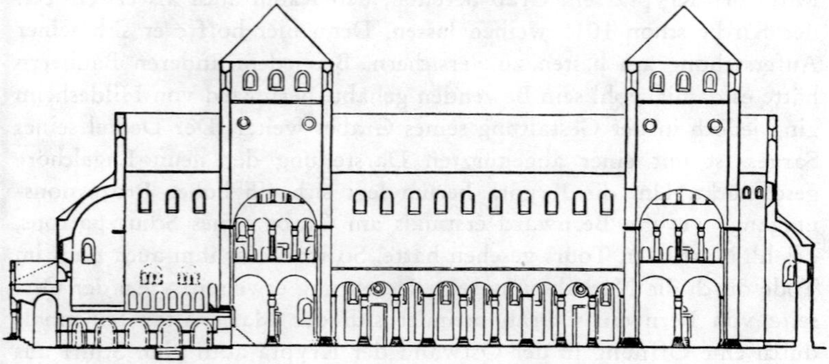

Abb. 16. St. Michael in Hildesheim: Längsschnitt (nach Beseler u. Roggenkamp).

wenn er versucht, die Hauptrichtung des Gebäudes zu erspüren. Jeder der beiden Chöre und jeder der vier Querschiffarme mit übereinander gestaffelten Engelemporen bildet für sich eine Front, eine Achse, so als gingen von dieser Kirche die Strahlen in alle Richtungen, ähnlich wie in Aachen. Die Schönheit der Architektur wird nicht nur vom Auge wahrgenommen, sondern auch erahnt, da man hinter jeder Form und jedem Maß den symbolischen Gehalt spürt. Die acht Engelaltäre auf den Emporen in den Querschiffen deuten zusammen mit dem neunten Altar St. Michaels – ehemals oben in der Westapsis gelegen – die Himmlischen Hierarchien an. Dadurch erhält das wie eine Burg von Türmen umfriedete Gebäude den Charakter der Gottesburg, des Himmlischen Jerusalems, das die Engel bewachen. Alle Maße des Raumes, auch die eines Würfelkapitells, folgen der geometrisch-arithmetischen Ordnung als dem göttlichen Maß. In die Kämpferblöcke der Mittelschiff-Säulen waren (wie in Aachen und Magdeburg) Reliquien der Heiligen, Märtyrer und Bekenner eingeschlossen, so daß sie gleichsam das Gebäude der Kirche trugen (heute sind nur noch zwei Säulen des Gründungsbaus erhalten). Die einst hinter dem Kreuzaltar, am Ostende des Mittelschiffs, aufgerichtete riesige Bronzesäule, ehemals bekrönt von einem Kruzifixus, war das weithin sichtbare Siegeszeichen inmitten der Burg und gewiß das eine Zentrum des Gebäudes. – Das zweite Zentrum – äußerlich kenntlich an dem zweiten Vierungsturm, zweiten Querschiff und zweiten Chor – lag im Westen, wo sich über der Krypta der Mönchschor dehnt. Hier versammelte sich zu den kanonischen Stunden der Konvent der Mönche vor dem Salvator-Altar. Unter diesem Altar des Auferstandenen hatte der Stifter in der Mitte der Krypta sein Grab bereiten, den Raum auch als ersten Teil der Kirche schon 1015 weihen lassen. Denn hier hoffte er sich seiner Auferstehung am besten zu versichern. Bei jedem anderen Bauherrn hätte es damit wohl sein Bewenden gehabt. Bernward von Hildesheim ging jedoch in der Gestaltung seines Grabes weiter. Der Deckel seines Sarges ist mit einer abgekürzten Darstellung der neun Engelchöre geschmückt. Um die Krypta herum legt sich ein hoher Prozessionsumgang, wie ihn Bernward erstmals am Grabe seines Schutzpatrons, des hl. Martin, in Tours gesehen hatte. So wollte er ihm auch noch im Tode durch die Nachahmung seine Verehrung erweisen. – An der Ostseite von Bernwards Grab befindet sich der Marienaltar (einstmals durch eine Öffnung in der Ostwand der Krypta auch vom Schiff aus sichtbar). Damit bildete Bernward das gemeinsame Grab Karls des Großen und Ottos III., seines ehemaligen Schülers, nach, das im Münster zu Aachen ebenfalls vor dem Marienaltar lag. Daran erkennt man, daß die Krypta Bernwards Grabkapelle sein soll, so wie in Aachen das Münster die Grabkapelle Karls des Großen ist. – Schließlich erinnert der Weg von dem Grabe Bernwards in der vom Umgang umzogenen Krypta durch die (früher vorhandenen) Türen zu den Querschiffen bis vor das Triumphkreuz hinter dem Kreuzaltar an den ebenso langen Weg, den in Jerusalem die Pilger von dem Grabe Christi zu dem hochaufgerichteten Kreuz schritten, das sich an der Stelle erhob, an der die Kaiserin Helena einst das Kreuz Christi fand. Auch diese Nachahmung will die Michaeliskirche als ein Neues Jerusalem kennzeichnen und dadurch dem Stifter versichern, daß sein Leib symbolisch in der geweihten Erde ruht, die den Erlöser trug.

Die historische Betrachtung der Michaeliskirche zwingt dazu, die Kunstwerke Bischof Bernwards in Gedanken an ihren ursprünglichen Ort zu übertragen. Die skulptierten Bronzetüren (jetzt im Dom) sind nur an einem Portal in der Längsachse denkbar, so daß sie mit der Säule in einer gedanklichen Verbindung stehen und beider Bild-Zyklen einander ergänzen. Dafür bietet sich das Portal an, das als einziges durch Säulen und Kapitelle hervorgehoben wurde, der Westeingang der Krypta, so wie es die Inschrift der Türen sagt, *an der Front der Engelskirche vor seiner* [Bernwards] *Gruft*. Solange die Kirche gebaut wurde, nach Bernwards Willen die Krypta aber schon im Jahre 1015 geweiht war, hat man die in das gleiche Jahr datierten Türflügel allein für dieses Portal verwenden können. Das Westportal muß damals der Haupteingang zur Kirche gewesen sein. Wenn Bischof Godehard die kostbaren Türen und die Säule im Jahre 1035 zum Dom überführen ließ, ehrte er seinen Vorgänger, indem er entscheidende Teile von dessen Grabanlage in den Dombau einfügte.

BESELER, Hartwig, und Hans ROGGENKAMP: Die Michaeliskirche in Hildesheim. Berlin 1954.

35. Die „wahren“ Bilder des Herrn

Für den Christen ist das wahre Bild des Herrn vor allen anderen die Darstellung des am Kreuz Gestorbenen. Das Kreuz als Signum bezeichnet seinen Opfertod. Im Mittelalter hätte man sich mit diesem Zeichen vielleicht begnügt, wenn nicht im Mittelmeerraum schon früh bestimmten Bildern nachgesagt worden wäre, daß sie die äußeren Züge des Herrn genauso wiedergeben, wie er aussah. Natürlich handelte es sich nicht um die realistische Treue etwa eines Fotos – dafür war, selbst wenn sie erstrebt wurde, in der frühen Kunst kein Platz. Vielmehr stand hinter dem „wahren“ Bildnis der Glaube, daß es den Herrn so vertrete, als sei er selbst gegenwärtig. Und dieser Glaube zwang dazu, das „wahre“ Bildnis so treu wie möglich zu wiederholen. Daraus erklärt sich manch seltsame, schwer verständlich wirkende Form. So z. B. der 2,71 m hohe aus Eichenholz geschnitzte Kruxifixus im Dom zu Braunschweig, der infolge der auf dem einen der beiden herabhängenden Gürtelenden eingeschnittenen Inschrift IMERVARD ME FECIT als *Imervard-Kreuz* bekannt ist. Daß eine Tunika mit langen Ärmeln den Körper bekleidet, die über den Hüften ein schmaler Gürtel zusammenfaßt, weicht von dem im Abendland üblicherweise bis auf das Lendentuch unbekleideten Gekreuzigten so sehr ab, daß es verhältnismäßig leicht war, in dem berühmten, fast ebenso großen Gnadenbild von Lucca, dem *Volto Santo,* ein Vorbild zu erkennen. Der genaue Vergleich offenbart aber auch Unterschiede in der Stilisierung der Gewandfalten. Ihretwegen muß der heute in Lucca verehrte *Volto Santo* als eine am Anfang des 13. Jh. geschaffene Wiederholung des ursprünglichen Gnadenbildes angesehen werden, das nach der Legende bereits 742 auf wunderbare Weise von Palästina nach Lucca gelangt sei. Nikodemus selbst habe es nach dem Vorbild des Grabtuches geschnitzt und Reliquien vom Heiligen Blut des Herrn und der Dornenkrone darin geborgen. Das Gnadenbild war also ein „wahres“

Bild des Herrn und zugleich ein monumentales Reliquiar. Ein solches benötigte Heinrich der Löwe, als er 1173 von seiner Pilgerreise nach Jerusalem zurückkehrte und dem Braunschweiger Dom eine Reihe wertvollster Reliquien mitbrachte. Daß er dafür eine Kopie des damaligen *Volto Santo* benützte, läßt sich nur mit dem Ruf des hochverehrten Gnadenbildes begründen. Einen historischen Anhaltspunkt haben wir jedoch nicht dafür. Ebensowenig können wir entscheiden, ob die besondere ikonographische Form des *Volto Santo* erkannt wurde, nämlich die Bedeutung der langärmeligen Tunika und des ehemals goldenen Gürtels sowie der weit geöffneten Augen. Sie sind nach des Johannes Vision von den Sieben Leuchtern (Apk 1, 13–14) die Zeichen des in der Apokalypse wiederkehrenden Herrn, also seiner göttlichen Natur. Wir sehen nur, daß der Gekreuzigte im Volto-Santo-Typ auch in Niedersachsen und dem angrenzenden Westfalen während des Mittelalters vielfach nachgeahmt worden ist. Da man die Zeichen damals nicht mehr verstand, lag die volkstümliche Umdeutung in eine weibliche Heilige, Wilgefortis, Kümmernis oder Liberata nahe. Diese Heiligen hat es nie gegeben. Ihre Namen sind nichts als Umdeutungen aus den Beinamen des Erlösers als des Erbarmers, Entkümmerers und Befreiers (von aller Not).

HAUSSHERR, Reiner: Das Imervardkreuz und der Volto-Santo-Typ. In: Zeitschr. d. dt. Vereins f. Kunstwissenschaft 16 (1962), S. 129–170.

SCHNÜRER, Gustav, und Joseph M. RITZ: St. Kümmernis und Volto Santo. Düsseldorf 1934 (Forschungen zur Volkskunde. 13–15).

THOBY, Paul: Le Crucifix des Origines au Concile de Trente. Nantes 1959.

Volto Santo heißt *Heiliges Antlitz*. Darauf konzentrierte sich das Interesse genauso, wie wir noch heute unter dem Bildnis eines Menschen zunächst sein Porträt, d. h. die Wiedergabe seines Gesichts verstehen. Die besondere Bedeutung des *Volto Santo* in Lucca und seiner Nachahmungen erklärt es, warum Christus lebend, mit offenen Augen, dargestellt ist. Dahinter steht die bildliche Tradition eines sog. *Acheiropoiieten*, d. h. eines nicht von Menschenhand gemachten, also auf wunderbare Weise entstandenen Bildnisses, nämlich des sog. *Edessenums* in Rom (seit 1870 in der Sakristei von St. Peter, vorher in S. Silvestro in Capite zu Rom). Der Legende zufolge habe Abgar, der Fürst von Edessa, als er an einer unheilbaren Krankheit litt, Jesus schriftlich gebeten, ihn zu heilen. Und Jesus habe ihn durch einen Brief und sein Bildnis gesund gemacht. Das Bildnis sei durch den Abdruck seines Antlitzes auf ein Leinentuch entstanden. 944 wurde es nach Konstantinopel überführt. Nach der Eroberung Konstantinopels durch die Kreuzfahrer 1204 sei es nach Rom gekommen. Heute ist es in zahlreichen Kopien verbreitet, die alle das Antlitz des Herrn in der byzantinischen Manier des Hochmittelalters wiedergeben. Dazu gehören auch die kleinen auf Leder gemalten Darstellungen, die in Kloster Wienhausen (Taf. 29 b) unter dem Chorgestühl gefunden wurden (vgl. V, 27). Das nur 7,8 × 4,2 cm große Stückchen entstand wohl um 1500. Das in dunkelgrüner Lüsterfarbe gemalte längliche Antlitz ist von vorn gesehen, blickt aber nach links. Nach unten läuft es spitz in den schwarzen Bart aus. Die Locken der Haare sind zu zwei ähnlichen Spitzen vereinfacht, die sich unten beiderseits auseinanderbiegen. Das Antlitz erscheint auf einem weißen Tuch, das Veronika mit beiden Händen emporhält. Allerdings wurde ihr Kopf so verkleinert und schematisch wiedergegeben, daß er fast einem Knoten ähnelt.

Derartige Bildchen stellten am Ende des Mittelalters die *pictores Veronicarum* in Rom serienmäßig her – darauf deutete auch die routinierte Malerei – und verkauften sie an die Pilger. Quentin Massys zeigt den hl. Rochus als Pilger, der ein solches Veronica-Bild neben den aus Zinn gegossenen gekreuzten Schlüsseln Petri als Pilgerzeichen Roms an die Krempe des Hutes genäht trägt (Alte Pinakothek München). Es ist durchaus möglich, daß das in Wienhausen gefundene Exemplar aus Rom stammt. Aber kein Einstich am Rande verrät, daß es wirklich als Pilgerzeichen gebraucht worden ist, eher wohl als ein privates Andachtsbild (V, 27), denn das Original und seine Wiederholungen waren mit hohen Ablässen für denjenigen ausgezeichnet, der bestimmte Gebete davor sprach. – Die Schwestern von Kloster Wienhausen gingen einen Schritt weiter und fertigten noch derbere Kopien dieses Bildes serienmäßig an. Unter dem Chorgestühl wurde nämlich ein 9,4 × 14,4 cm großes Pergament gefunden, auf das die Darstellung des Heiligen Antlitzes ohne Tuch und ohne Veronika gleich achtmal gemalt wurde. Weil es aber zerknitterte, hat man es nicht auseinandergeschnitten, sondern unter dem Chorgestühl versteckt (denn der Ort diente als *sacra piscina*). Wir wissen zwar nicht, wofür diese Bildchen bestimmt gewesen sind, ob als private Andachtsbilder oder auch als Pilgerzeichen von Wienhausen. Die Imitation des römischen Bildes erschien hier berechtigt, denn die Stifterin des Klosters, Herzogin Agnes, hatte einst eine Reliquie des Heiligen Blutes des Herrn aus Rom beschafft (V, 22). Dadurch ist, wie die Chronik berichtet, Wienhausen ein Gnadenort geworden. Der in Rom verheißene Ablaß wurde selbstverständlich noch auf die kleinste Wiederholung des Bildes bezogen.

Auf dem in Wienhausen gefundenen Lederbildchen vermischen sich die Züge des sog. Edessenums mit dem Hinweis auf das zweite in Rom verehrte Heilige Antlitz, das im Spätmittelalter der hl. Veronika zugeschrieben wurde (vgl. II, 4), zu einem schwer entwirrbaren Knäuel. Dieses Veronika-Bild stellt nämlich – im Gegensatz zu der bekannten Veronika-Legende (vom Abdruck des Heiligen Antlitzes in ein während der Kreuztragung gereichtes Tuch) – das Antlitz des am Kreuz bereits Gestorbenen dar, obendrein so schattenhaft blaß, daß man, wenn es in St. Peter von der Höhe der Empore über der Veronika-Figur gezeigt wird, kaum etwas darauf erkennt. Gerade dies mag es veranlaßt haben, daß man in den Wiederholungen die Züge des Edessenums übernahm. Die Bezeichnungen als *Sindone* oder *Mandilion* weisen darauf hin, daß das schattenhafte Veronika-Bild zur Nachfolge des Grabtuchs Christi gehört (V, 24). – Das Volk nannte das Bild in Rom seit 1292 das *Schweißtuch des Herrn* oder kurz *Veronica*. Unter diesem Namen wurde es im ganzen Abendland als eines der hervorragenden Themen der privaten Andacht verbreitet, sowohl für sich allein (z. B. Prag, Veitsdom) als auch in der Kombination mit der hl. Veronika, oder mit den *Arma Christi*, den Werkzeugen der Passion. Es erscheint auf Altären und Graphiken, in Malerei, Plastik und Goldschmiedearbeit, auch auf Amuletten oder einer Tafel für den Friedenskuß (z. B. in Stift Börstel, Niedersachsen).

Die Legenden, die z. T. seine Ankunft in Rom schon zur Zeit des Kaisers Tiberius beweisen wollen (so in der *Legenda aurea*), wurden merkwürdig unwichtig und mochten ruhig einander widersprechen. Entscheidend für die Verbreitung des Bildes war die Tatsache, daß das gläubige Volk es für auf wunderbare Weise entstanden hielt und die Gnade des Ablasses von ihm erwartete.

von Dobschütz, Ernst: Christusbilder. Untersuchungen zur christlichen Legende. Leipzig 1899 (Texte und Untersuchungen zur Geschichte der altchristlichen Literatur. N. F. III).

36. Die frühen Bilder der Muttergottes

Ähnliche Legenden einer wunderbaren Entstehung werden von manchem Marienbild berichtet. Keines von ihnen blieb erhalten. Mehrere sollen von dem Evangelisten Lukas gemalt worden sein. Wenn dieses zuträfe, könnte er sie nur allein – etwa als Betende – dargestellt haben. Die Menge der Bilder, die seit dem Konzil von Ephesus 431 in Palästina, Ägypten und Byzanz entstanden, zeigt jedoch Maria mit dem Kinde, also zu einem Zeitpunkt, zu dem Lukas sie gar nicht gesehen haben kann. Und es ist ganz offensichtlich nicht ein Porträt in unserem Sinne des Wortes gemeint, sondern ein Bild der Menschwerdung Gottes. Maria als die Gottesgebärerin (griech. *Theotokos*) darzustellen, wie es das genannte Konzil empfahl, ist freilich ein Unterfangen, das menschliche Möglichkeiten übersteigt. Das, was gemeint ist, läßt sich allenfalls andeuten, sei es durch Inschriften, sei es durch eine Abstraktion der Form, die jede Ähnlichkeit mit lebenden Menschen ausschließt. Die seit der Spätantike zu Formeln erstarrte byzantinische Kunst konnte dieses leisten. Ähnlich wie das byzantinische Kaiserzeremoniell in seiner Formelhaftigkeit, in seinem umständlichen Ritual jede menschliche Regung unterdrückte, konnte diese Kunst die nahezu zeichenhaften Typen entwerfen. Danach wurden sie im Abendland aufgenommen und weiterentwickelt. Es sind mehrere Typen, aber bei weitem nicht die große Zahl, die in den Ikonen der orthodoxen Kirche erscheint. Zudem bezeichnen ihre Namen nur in Ausnahmefällen den ikonographischen Typ (z. B. *Galaktotrophusa* = *Maria lactans* = Die nährende Muttergottes), in der Mehrzahl der Fälle wird der Name von dem Standort hergeleitet, so bei dem bekanntesten und vielleicht ältesten frühchristlichen Marienbild, der *Hodegetria* = *Wegführerin*, weil die Kirche, in der es sich in Konstantinopel bis zur Eroberung durch die Türken 1453 befand, an der Straße der Wegführer, der Begleiter der Reisenden, lag. Es soll das älteste Lukasbild gewesen sein. Später bildete sich die Legende, es trage seinen Namen, weil es Blinden das Licht der Augen geschenkt habe, so daß sie ohne Führer ihren Weg fanden. Dann aber wurde es immer mehr deshalb verehrt, weil Maria als Patronin und Führerin der Reisenden galt.

Der zweite Typus wird *Nikopoia* = *Siegesbringerin* genannt. Dieses Bild begleitete die Kaiser in den Krieg. Nachdem die Kreuzfahrer 1204 Konstantinopel erobert und geplündert hatten, brachte der Doge es nach Venedig. Ein dritter Typus ist die *Blachernitissa,* die sich in der Blachernenkirche in Konstantinopel befand.

Die Unterschiede zwischen den beiden ersten Typen fallen kaum ins Gewicht, ob nun bei der *Hodegetria* das Kind auf ihrem linken Knie sitzt, bei der *Nikopoia* dagegen zentral in ihrem Schoß – die Gesten und die Attribute ähneln sich so sehr, daß man sie für Zweige eines Stammes betrachtet. Der dritte Typus, die *Blachernitissa,* zeigt die Gottesmutter zwar auch mit dem zentral sitzenden Kind, aber mit betend erhobenen Händen.

Die Vielzahl der Nachahmungen und mehr oder minder variierten Wiederholungen erschwert ein säuberliches Unterscheiden der folgenden Typen und sei hier auch gar nicht versucht, zumal die deutschen Künstler in Unkenntnis der feinen Unterschiede diese kaum zu berücksichtigen vermochten. Als Kaiser Otto I. 972 seinen gleichnamigen Sohn mit der byzantinischen Prinzessin Theophanu vermählte, gab es in Deutschland noch kein allgemeingültiges Marienbild. Die Elfenbeintäfelchen der *Hodegetria,* die zunächst die Gesandtschaften aus Konstantinopel mitbrachten, 972 auch Theophanu und ihre Begleiterinnen, waren etwas unerhört Neues, etwas so Kostbares, daß man sie in die goldenen und silbernen Buchdeckel der Evangelien fügte, z. B. in Aachen. Durch sie wurde der Typus der *Hodegetria* auch bei uns heimisch.

Ein zweiter, ungleich breiterer Strom byzantinischer Bilder floß nach dem Jahre 1204 nach Italien, Frankreich und Deutschland. Aber dieser traf nun nicht mehr auf ein kulturelles Entwicklungsgebiet, sondern auf die Blüte der spätromanischen bzw. frühgotischen Kunst. Nun waren die ikonographischen Typen auch hier so festgelegt, daß es sich nur noch darum handeln konnte, sie nach dem Beispiel der in Konstantinopel geraubten Werke auszuschmücken.

Zwischen beiden byzantinischen „Schüben", also zwischen 972 und 1204, bildeten die Länder des Westens ihren eigenen ikonographischen Kanon in freier Anlehnung an das byzantinische Vorbild aus. *Hodegetria* und *Nikopoia* sind zwar die Grundtypen der thronenden Muttergottes, die als „Thron der ewigen Weisheit", wie man sie nannte, im Abendland einen theologisch nicht minder hohen Rang erhielt, aber das Entscheidende war dem Osten fremd: Im Westen konnte man es – unbelastet von den Götterbildern der Antike – wagen, die christlichen Gottesgestalten und Heiligen in Form der Vollskulptur darzustellen. Das hob sie über die Gemälde und Reliefs des Ostens hinaus. Im künstlerischen Sinn verlieh ihnen das eine ganz andere Bedeutung, so daß es kein Wunder ist, wenn sie nur noch von Ferne an die altchristlichen Typen erinnern. Ja, in einzelnen Fällen spricht die Bewunderung gerade der antikischen Schönheit aus ihnen, ein neues Verständnis für den menschlichen Kontakt zwischen den Dargestellten (z. B. Maria und Jesus in Halberstadt, Taf. 30) oder auch zwischen dem gläubigen Betrachter und der dargestellten Gottheit, gleichsam ein erster Schritt zu der mystischen Zwiesprache zwischen Gott und Mensch. Und wir haben wieder zu beobachten, daß ein Typus wegen der Gnadenwirkung, die man ihm nachsagte, alsbald vervielfacht wurde. So erinnert die silberne Figur im Domschatz zu Minden (Taf. 31) an die Maria in Halberstadt, ohne daß wir sagen können, ob diese oder eine andere das nachgeahmte Vorbild ist. In Niedersachsen und Westfalen gibt es wohl ein Dutzend Marienfiguren dieses Typs.

Unwillkürlich suchen wir nach den Anfängen. Die Frage, welcher Auftraggeber und welcher Künstler es zum erstenmal wagte, Christus am Kreuz oder die thronende Muttergottes in Vollskulptur darzustellen, übersieht die Tatsache, daß schon Karl der Große antike Skulpturen nach Aachen holte und diesen wohl auch den von ihm gewünschten Sinn beilegte: der Bärin den der kapitolinischen Wölfin (= Aachen, das neue Rom), dem Imperator zu Pferde den Namen Theoderichs, des Königs der Goten. Plastische Vorbilder der Antike waren also vorhanden. Es bedurfte der geistigen Bereitschaft, sich ihnen anzuschließen. Diese war anscheinend am Hof Ottos des Großen gegeben. Erzbischof Gero von Köln (969–76), ehemals Kaplan des Kaisers (er holte die Braut Ottos II., die Prinzessin Theophanu, 971 aus Byzanz), stiftete das nach ihm benannte Kreuz im Kölner Dom, das älteste vollplastische Großkreuz, das uns erhalten blieb. – Die Goldene Madonna von Essen (Taf. 32), die älteste erhaltene vollplastische Muttergottes in Deutschland, ließ wahrscheinlich die Äbtissin Mathilde um das Jahr 1000 anfertigen. Sie war eine Enkelin Ottos des Großen. Für uns hat es ohne Frage etwas Befremdliches, die Figur ganz in strahlendem Gold zu sehen. Nicht nur die Kleidung und die Schmuckstücke bestehen daraus, sondern auch Gesicht, Hände, Haar und Schuhe. Nur die Augen sind als Zellenschmelz aus dem Goldglanz ausgenommen und stechen hervor. Natürlich ist Gold als das Zeichen des Höchsten zu verstehen, als Zeichen des Logos. Die Erhabenheit dieser Muttergottes über alle irdische Konvention suchte U. Rapp mit dem Begriff des *Mysterienbildes* zu umschreiben und in eine bestimmte Funktion des Kultes einzuordnen. Für die ikonographische Betrachtung bleibt trotzdem die Frage nach der Gestalt. Daß das Kind quer über beiden Oberschenkeln Marias sitzt, wird man angesichts der hohen künstlerischen Vollendung nicht auf eine Unfähigkeit des Künstlers zurückführen können. So ungewöhnlich dieses Sitzmotiv auch ist – in Deutschland hat es nur auf Bernwards gleichzeitiger Tür in Hildesheim eine Parallele –, so gibt es doch in Irland Vorläufer, ferner in einem der berühmtesten Evangeliare, dem *Book of Kells* (um 800). Zwar kann ich die Verbindung nicht belegen, doch daß sich drei so hervorragende Werke der abendländischen Kunst in diesem Zug gleichen, verdient in Zukunft bedacht zu werden. Er verweist auf den starken Strom angelsächsischer Kunst, den die ersten Missionare von den britischen Inseln nach Deutschland brachten. Maria scheint dem Kinde einen Apfel zu reichen. Aber geht es wirklich um den Apfel, das Zeichen der neuen Eva? Läßt die Erdenferne des Logos solch irdischen Bezug zu? Ist diese Andeutung einer zwischen Maria und dem Kinde spielenden

Szene nicht eher eine zufällige Geste, die ein wenig von der ungeheuren Ferne wegnehmen soll, damit der gläubige Betrachter sich nicht gar zu sehr fürchtet? Hier spielen psychische Verhaltensweisen der Menschen eine Rolle, die eine exakte ikonographische Interpretation in Frage stellen. Das scheinbar so präzis formulierte Kunstwerk behält etwas Zeichenhaftes, das sich der Umsetzung in Worte entzieht.

Beissel, Stephan: Geschichte der Verehrung Marias in Deutschland während des Mittelalters. Freiburg 1909 (Nachdruck Darmstadt: WB 1972).

Küppers, Leonhard (Hrsg.): Die Gottesmutter. Marienbild in Rheinland und in Westfalen. I/II. Recklinghausen 1974.

Appuhn, Horst: Meisterwerke der niedersächsischen Kunst des Mittelalters. Bad Honnef 1963.

Keller, Harald: Zur Entstehung der sakralen Vollskulptur in der ottonischen Zeit. In: Festschr. für Hans Jantzen. Berlin 1951.

Rapp O. S. B., Urban: Das Mysterienbild. Münsterschwarzach 1952.

Guldan, Ernst: Eva und Maria. Eine Antithese als Bildmotiv. Graz–Köln 1966.

FOTONACHWEIS

Verlag Karl Alber, Freiburg i. Br.: Taf. 28.
Dr. Horst Appuhn, Schloß Cappenberg: Taf. 2, 3, 4 a, 4 b, 6, 7, 10 a, 10 b, 12, 15, 16, 17 a, 17 b, 18, 19, 20, 25, 29 b, 30.
Willi Birker, Braunschweig: Taf. 14.
Kunstsammlungen der Veste Coburg: Taf. 23.
Landeskonservator für Westfalen-Lippe, Münster: Taf. 31.
Museum für Kunst und Gewerbe, Hamburg: Taf. 13.
Museum für Kunst und Kulturgeschichte der Stadt Dortmund, Schloß Cappenberg: Taf. 5, 8 a, 8 b, 9 a, 9 b, 26, 29 a.
Museum Mayer van den Bergh, Antwerpen: Taf. 22.
St. Annen-Museum, Lübeck: Taf. 21.
Städtische Bildstelle Essen: Taf. 32.
Victoria and Albert Museum, London: Taf. 11.
Otto Vollert, Kiel: Taf. 1.

Taf. 1. Hans Brüggemann: Bordesholmer Altar (1521). Schleswig, Dom.

Taf. 2. Aus der Predella des Bordesholmer Altars: Abraham und Melchisedek.

Taf. 3. Aus der Predella des Bordesholmer Altars: Abendmahl der ersten Christen.

Taf. 4. Das Mittelfeld des Bordesholmer Altars:
a Kreuzigung. b Kreuztragung.

Taf. 5. Derick Baegert: Heilige Sippe vor der Stadtansicht von Dortmund. Linker Flügel des Hochaltars (1468–74). Dortmund, Propsteikirche.

Taf. 6. Apostel Thomas (um 1500).
Kloster Wienhausen.

Taf. 7. Hl. Reinold, Schutzpatron Dortmunds (Anf. 14. Jh.).
Dortmund, St. Reinoldi-Kirche.

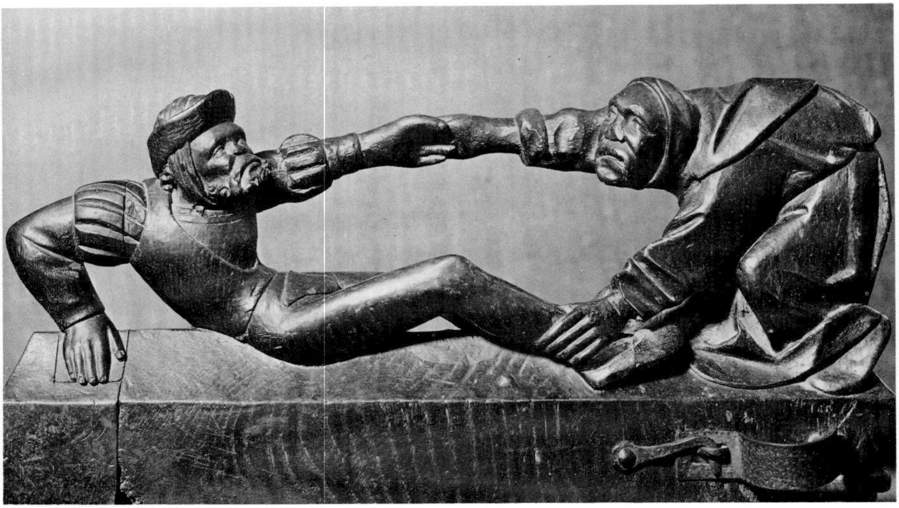

Taf. 8. Wangenbekrönungen des Chorgestühls in Cappenberg (1509):
a „Fingerhakeln". b „Stippeföttchen".

Taf. 9. Miserikordien des Chorgestühls in Cappenberg (1509):

a Aristoteles und Phyllis.

b Der Fuchs predigt den Gänsen.

Taf. 10a. Longinus und sein Helfer. Altar (um 1515) in Schwabstedt.

Taf. 10b. Kasten aus dem Rathaus (1331). Lüneburg, Museum.

Taf. 11. Philosophie- und Tugenden-Teppich aus Kloster Heiningen (1516).
London, Victoria and Albert Museum.

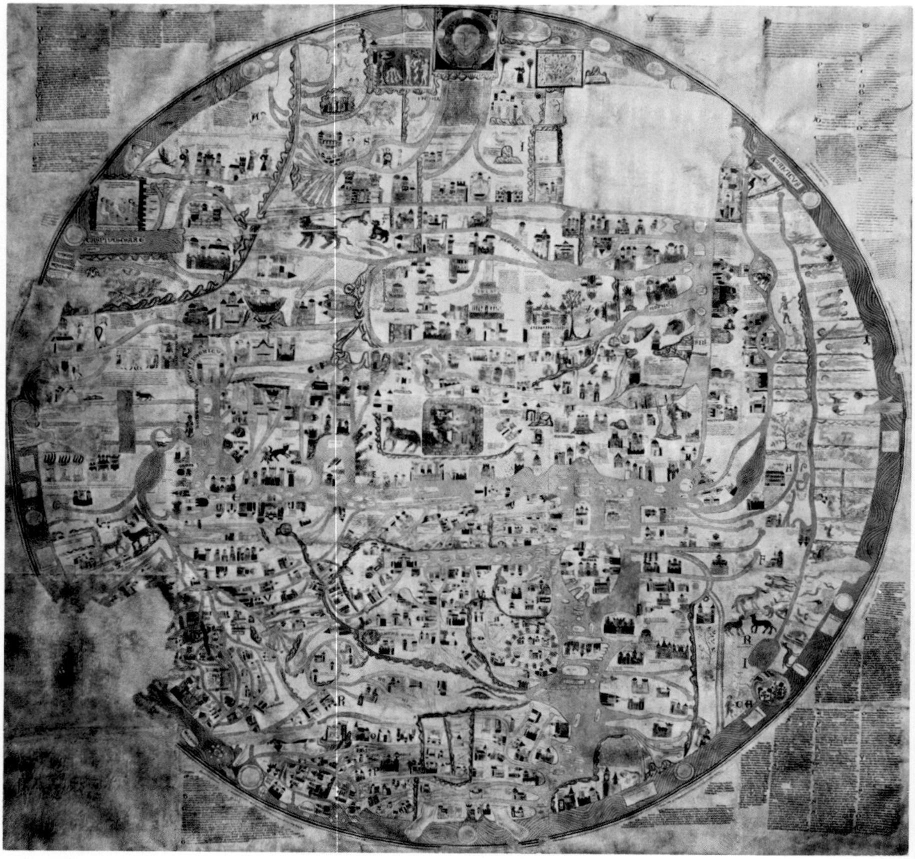

Taf. 12. Weltkarte aus Kloster Ebstorf (um 1300).
Rekonstruktion im Museum Lüneburg.

Taf. 13. Osterteppich aus Kloster Lüne vor Lüneburg (1504—07).
Hamburg, Museum für Kunst und Gewerbe.

Taf. 14. Mittlerer Abschnitt des Jagdfrieses an der Hauptapsis der Stiftskirche in Königslutter (begonnen 1135).

Taf. 15. Predella des Choraltars (1519). Kloster Wienhausen.

Taf. 16. Grabplatte des Gegenkönigs Rudolf von Schwaben († 1080).
Merseburg, Dom.

Taf. 17. Heiliges Grab: Kloster Wienhausen:
a geöffnet, mit dem Grabbild des Herrn.
b geschlossen, aber Türen im Sockel geöffnet.

Taf. 18. Muttergottes (Ende 13. Jh.). Kloster Wienhausen.

Taf. 19. Der Auferstandene (Ende 13. Jh.). Kloster Wienhausen.

Taf. 20. Die Stifter. Malerei im Chorgewölbe (um 1300).
Kloster Wienhausen.

Taf. 21. Mechelner Christkind (um 1500) mit Krone und Kleid.
Lübeck, St. Annen-Museum.

Taf. 22. Meister Heinrich von Konstanz: Christus-Johannes-Gruppe (um 1305) aus St. Katharinental. Antwerpen, Museum Mayer van den Bergh.

Taf. 23. Vesperbild (Pietà) (fränkisch-thüringisch um 1320) aus dem ehem. Zisterzienserinnenkloster Sonnefeld. Coburg, Kunstsammlungen der Veste.

Taf. 24. Israhel van Meckenem: *Imago pietatis* (Schmerzensmann) von S. Croce.
Kupferstich um 1495.

Taf. 25. Muttergottes in der Glorie. Andachtstäfelchen (um 1500).
Kloster Wienhausen.

Taf. 26. Werkstatt des Conrad von Soest: *Maria lactans* (um 1420). Dortmund, Museum.

Taf. 27. Holzschnitt (2. Viertel 15. Jh.) nach der *Maria lactans*.
Paris, Louvre.

Taf. 28. Heiliges Grab (2. Hälfte 13. Jh.). Konstanz, Mauritiuskapelle des Münsters.

Taf. 29a. Pilgerflasche aus Aachen (Köln? um 1500).
Dortmund, Museum.

Taf. 29b. Heiliges Antlitz *(Veraicon)* (um 1500).
Kloster Wienhausen.

Taf. 30. Thronende Muttergottes (um 1230) aus der Liebfrauenkirche.
Halberstadt, Dom-Museum.